Arnd Zeigler
Taktik ist keine Pfefferminzsorte!

Bella

Arnd Zeigler

Taktik ist keine Pfefferminzsorte!

Neueste Sprüche und Weisheiten
der Fußballstars

Bibliografische Information der Deutschen Nationalbibliothek
Die Deutsche Nationalbibliothek verzeichnet diese Publikation in der Deutschen
Nationalbibliografie; detaillierte bibliografische Daten sind im Internet
über http://dnb.ddb.de abrufbar.

ISBN 978-3-86910-188-0 (Print)
ISBN 978-3-86910-289-4 (PDF)

Der Autor: Arnd Zeigler ist TV-Moderator mit eigener Sendung im WDR-Fernsehen: „Zeiglers
wunderbare Welt des Fußballs" läuft seit 2007 immer sonntags um 23.45 Uhr und wird live
aus Zeiglers Bremer Wohnung übertragen. Die gleichnamige Radiocomedy ist seit über einem
Jahrzehnt in den Programmen von Radio Bremen, WDR Eins Live, HR 3, SWR 1, Bayern 3, SR
1 und MDR Sputnik. Ein Blog nannte ihn „the thinking man's Gerhard Delling".
Zeigler gibt Fußball-CDs heraus, schreibt Kolumnen, ist Stadionsprecher bei Werder Bremen
und Texter und Interpret der Werder-Stadionhymnen „Das W auf dem Trikot" und „Lebens-
lang grün-weiß". Mit letztgenanntem Song schaffte er es im Sommer 2004 für neun Wochen
in die deutschen Single-Charts (Beste Platzierung: 44). Deutlich bessere Musik legt er selbst
wöchentlich in seiner von der Kritik hochgelobten Kult-Radioshow „Zeiglers wunderbare
Welt des Pop" (immer dienstags, 20 Uhr, Bremen Vier) auf.

Bei humboldt sind 4 weitere Bücher der Reiher „Zeiglers wunderbare Welt des Fußballs"
von Arnd Zeigler erschienen:
1111 Kicker-Weisheiten (ISBN 978-3-86910-157-6)
1000 ganz legale Fußballtricks (ISBN 978-3-89994-077-0)
Gewinnen ist nicht wichtig, solange man gewinnt (ISBN 978-3-89994-099-2)
Keiner verliert ungern – Neue Sprüche und Zitate der Fußballstars (ISBN 978-3-86910-160-6)

Originalausgabe

© 2011 humboldt
Eine Marke der Schlüterschen Verlagsgesellschaft mbH & Co. KG,
Hans-Böckler-Allee 7, 30173 Hannover
www.schluetersche.de
www.humboldt.de

Autor und Verlag haben dieses Buch sorgfältig geprüft. Für eventuelle Fehler kann dennoch
keine Gewähr übernommen werden. Alle Rechte vorbehalten. Das Werk ist urheberrechtlich
geschützt. Jede Verwertung außerhalb der gesetzlich geregelten Fälle muss vom Verlag
schriftlich genehmigt werden.

© Logo „Zeiglers wunderbare Welt des Fußballs" WDR, Köln/Radio Bremen
Agentur: WDR mediagroup licensing GmbH

Lektorat:	Eckhard Schwettmann, Gernsbach
Covergestaltung:	DSP Zeitgeist GmbH, Ettlingen
Innengestaltung:	akuSatz Andrea Kunkel, Stuttgart
Titelfoto:	Getty Images/dpa
Satz:	PER Medien+Marketing GmbH, Braunschweig
Druck:	Grafisches Centrum Cuno GmbH & Co. KG, Calbe

Hergestellt in Deutschland.
Gedruckt auf Papier aus nachhaltiger Forstwirtschaft.

Inhalt

Vorwort 6

Philosophie 9

Spielanalysen 21

David Beckham 25

Intelligenz 31

Fans 35

Legenden 43

Lob 49

Brian Clough 55

Internationale Härte 59

Poesie 67

Selbstkritik & Einsichten 75

Medizinisches 83

Trainingsgeheimnisse . . . 87

Kultur 91

Erotik & Sex 97

Geheimnisse des Fußballs
in einfachen Worten . . . 105

Erinnerungen 113

Pläne und Visionen 121

Verbotene Dinge 127

Anatomie & Aussehen . . . 131

Vorhersagen 137

Metaphern & Gleichnisse 145

Andere Länder,
andere Sitten 151

Mathematik &
Rechenexempel 159

Laster & menschliche
Schwächen 163

Religiöses 167

Ernährung (sportgerecht
und anders) 173

Bittere Einsichten 177

Familiäres &
Zwischenmenschliches . . 185

Tierwelt 195

Kritik 199

Tipps & Ratschläge 207

Frauen und Fußball 213

Antipathie 221

Schiedsrichter, Regeln,
Fehlentscheidungen 225

Jürgen Klopp 229

Fäkalien &
Ausscheidungen 233

Eigenartige Dinge 237

Mode & Styling 245

Finanzen 249

Mediales 257

Vorwort

Was sagen Sie dazu, Felix Klopp?

(Kathrin Müller-Hohenstein)

Liebe Leserin, lieber Leser,

eines der großen Rätsel unserer Menschheit ist dies: Weshalb genau eigentlich können schlaue Menschen ohne größere Mühe dumme Dinge sagen und andersrum dumme Menschen oft auch schlaue Dinge? Mittlere Menschen freilich sagen immer nur mittelschlaue Dinge. Die gehören hier aber nicht hinein.

Dieses Buch ist eine große Verbal-Rumpelkammer voller schlauer und dummer Sätze zum Weitersagen. Und es beweist das, was schlaue und dumme Menschen in der Vergangenheit immer wieder mal zu sagen versuchten: Der Fußball ist ein Miniatur-Abbild aller Gipfel und Abgründe, die das Leben zu bieten hat. Er ist wie ein Extrakt aus allem Wichtigen, was normalerweise stattfindet in Firmen, Familien, Politik, Glaube und Gemüse.

Fußball lehrt uns alles, was wir wissen müssen über Triumphe und Todsünden, über Helden und menschliche Abgründe, über Freude, Sinnlichkeit, Trauer und Tränen. Über Missgunst und Neid, Arroganz, Nächstenliebe und Anteilnahme. Über Nähe und Grausamkeit.

Es ist alles da drin.

Vorwort ||| 7

Die Zitate auf den folgenden Seiten sind manchmal wohl überlegt, manchmal hingegen undurchdacht aus dem Bauch gefeuert. Und manchmal sicher auch einfach so dahergesagt.

Deshalb lohnt sich ein genauerer Blick in dieses Buch. Es ist keine alberne Sprüchesammlung fürs Klo, auch wenn es sich natürlich durchaus zu diesem Zweck verwenden ließe. Und manche der verwendeten Zitate sind sicherlich auch unmittelbar fürs Klo gedacht gewesen. Korrekt verwendet aber kann dieses Buch als wichtiger Leitfaden dienen für das Leben, den Fußball, das Glück.

Glaube ich zumindest.

Arnd Zeigler

Dank an die Kollegen von „11 Freunde", Eckhard Schwettmann und vor allem an den Grafiker Zoran Lucic aus Bosnien-Herzegowina für die vielen wunderbaren Poster-Bilder!

Paolo Maldini
- Il Capitano -

AC Milan
& Italia

No. 3

Paolo Cesare Maldini

Paolo Cesare Maldini (born 26 June 1968) is a former Italian footballer who played as a left or central defender. He spent all 25 seasons of his career at Serie A club AC Milan, before retiring at the age of 40 in 2009.

Philosophie

*Viele Menschen versuchen immer mal wieder, den Reiz des Fußballs zu enträtseln. Weshalb mögen wir dieses Spiel so? All diese Versuche sind zum Scheitern verurteilt. Keine schlaue, fundierte Erklärung der Welt wird jemals widerspiegeln können, wie wir uns bei einem Siegtor per Distanzschuss in der 93. Minute wirklich fühlen. Man kann ja auch nicht erklären, weshalb Pommes gut schmecken. Aber Erklärungs**ansätze** wären in ausreichender Anzahl vorhanden.*

Im Fußball geht es manchmal komisch und schnell.

(Michael Ballack)

Ein Fußballer zu sein ist das was ich tue. Nicht das, was ich bin.

(Pat Nevin, ehemaliger schottischer Nationalspieler)

Weniger als kein Tor kann man nicht schießen.

(Michael Skibbe)

Wenn der Kopf richtig funktioniert, dann ist er das dritte Bein.

(Christoph Daum vor seinem ersten Spiel als Trainer bei Eintracht Frankfurt)

Wenn du nichts triffst, dann bist du überzeugt davon, dass du nichts triffst. Und dann triffst du wirklich nichts.

(Christoph Daum als Trainer von Eintracht Frankfurt 2011 zur Ladehemmung seines Stürmers Theofanis Gekas)

Gute Mannschaften gewinnen 1:0.

(Casey Keller, Torwart der USA und zeitweise auch bei Mönchengladbach)

Maldini verbindet die fußballerische Antike mit der Moderne.

(Milan-Legende Gianni Rivera, der für die „Rossoneri" schon Tore erzielte, bevor Maldini geboren wurde)

Philosophie

Im Vergleich zu nichts ist wenig viel.

(Heribert Bruchhagen)

Wenn ich immer noch in Ipswich wäre, wäre ich nicht da, wo ich heute bin!

(Dalian Atkinson, 1992 Stürmer bei Aston Villa)

Wenn du nicht liebst, was du tust, dann kannst du's auch nicht mit Überzeugung und Leidenschaft tun.

(US-Fußballstar Mia Hamm über ihr Erfolgsrezept)

Genieße deine Siege, egal welche Art Siege es waren. Hege sie und bewahre sie dir, aber ruhe dich nicht auf ihnen aus.

(US-Frauen-Fußballstar Mia Hamm)

Wir werden niemanden überholen, wenn wir nur in die Fußstapfen anderer treten.

(Thomas Tuchel)

Ein gutes Motto ist, Grenzen offen zu lassen und immer wieder zu verschieben. Was man sich traut zu denken, kann man auch erreichen.

(Thomas Tuchel)

Philosophie

**Die Person, die mal gesagt hat „Gewinnen ist nicht alles!",
hat todsicher nie etwas gewonnen.**

(US-Frauen-Fußballstar Mia Hamm)

**Manchmal fragen die Leute, ob mir ein Juve-Sieg wichtiger
ist oder ob das bessere Team gewinnen soll. Ich habe Glück.
Oft passiert beides zusammen.**

(Juventus-Präsident Giovanni Agnelli, 2001)

Ich hätte mich verloren, wenn ich gewechselt wäre.

*(Paolo Maldinis philosophischer Rückblick zum Karriereende des
125-maligen Nationalspielers. Er hat nie bereut, immer nur für den AC
Mailand und die Squadra Azzurra gespielt zu haben.)*

**Es ist besser, guten Fußball schlecht zu spielen als schlech-
ten Fußball gut.**

(Patrick Barclay, Journalist beim „Independent", 1987)

**Es wäre toll gewesen, 1:0 zu gewinnen. Aber 0:0 ist beinahe
noch besser, weil dieses Ergebnis immer ein Zeichen von
Charakterstärke ist.**

*(David Beckham nach Englands charakterstarkem 0:0 in der Türkei
2003)*

Jack hat nicht immer recht, aber er hat nie unrecht.

*(Johnny Giles, irischer Nationaltrainer, über seinen Vorgänger
Jack Charlton)*

Philosophie | 13

»Ein Fehltritt«.

Seine Schwachstelle ist, dass er glaubt, er hätte keine.

(Arsène Wenger über Sir Alex Ferguson)

Ich werfe keine Spieler aus der Mannschaft. Ich nehme Änderungen vor.

(Bill Shankly erklärt seine feinsinnigen Unterscheidungen bei Personalentscheidungen als Trainer des FC Liverpool, 1973.)

Fußball ist ein Ergebnisspiel, da muss man auch mal unfair sein.

(Arne Friedrich)

Mit deinem Verein ist es wie mit einer Liebesgeschichte. Du erwartest, dass sie für immer dauert, aber du musst auch akzeptieren, dass es morgen vorbei sein kann.

(Arsène Wenger)

Der größte Druck ist, keinen Druck zu haben.

(Arsène Wenger)

Es gibt nur zwei Gewissheiten im Leben: Menschen sterben, und Trainer werden entlassen.

(Irlands Nationaltrainer Eoin Hand, 1980)

Philosophie | | | 15

Jeder Trainer wird mal entlassen, aber dann ist es besser, bei Real Madrid entlassen zu werden als bei einem anderen Klub.

(John Toshack zu Beginn seines zweiten, kurzen Engagements als Trainer von Real Madrid, wo er nach neun Monaten entlassen wurde)

Charisma kommt durch Resultate und nicht umgekehrt.

(Schottlands Trainer Craig Brown, 1996)

Fußball ist das wichtigste aller unwichtigen Dinge im Leben.

(Arrigo Sacchi)

Fußball ist ein Vorwand, um sich gut fühlen zu können.

(Jorge Valdano)

Fußball ist nicht nur ein simples Spiel. Fußball ist die Waffe der Revolution.

(Che Guevara)

Fußball ist ein Fruchtbarkeits-Fest: Elf Spermien versuchen, ins Ei zu kommen. Der Torwart tut mir immer leid.

(Björk, Popstar aus Island)

Philosophie

Fußball ist ein dauerhafter Orgasmus.

(Claude le Roy, Nationaltrainer Kameruns, 1998)

Fußball ist wie eine Blume. Wenn du angreifst, ist sie geöffnet und blüht. Verteidige, und die Blume schließt sich.

(Tommy Soderberg, Schwedens Nationaltrainer, 2000)

Fußball ist ein einfaches Spiel. Der schwierige Teil daran ist, es einfach aussehen zu lassen.

(Englands Trainer Ron Greenwood, 1978)

Fußball ist eine wundervolle Schachtel voller Überraschungen, weil der Ball rund ist. Am selben Tag, an dem sie den Ball eckig machen, werden die Deutschen oder die Japaner alles dominieren, weil sie gut in Mathematik sind.

(Toninho Cerezo, ehemaliger brasilianischer Nationalspieler)

Fußball ist das tollste Spiel der Welt. Und auch das frustrierendste, leidigste, ärgerlichste, verheerendste Spiel. Aber es gibt nichts anderes.

(Chelseas Vorsitzender Ken Bates, 1995)

Wenn die Taktiker unter den Trainern jemals Perfektion erreichen, dann werden fortan alle Spiele 0:0 ausgehen, und niemand wird mehr da sein, um zuzuschauen.

(Pat Crerand, Mittelfeldspieler bei Manchester United, 1970)

Philosophie   17

Wenn du mit jemandem zu tun hast, der nur eine Unterhose trägt, und du nimmst ihm diese Unterhose auch noch weg, dann ist er nackt. Dann hat er nichts mehr. Du solltest aber besser versuchen, ihm eine Hose zu besorgen und ihn zu ermutigen, statt ihn auszuwechseln und zu demütigen.

(Arsène Wenger über die Notwendigkeit, Talente nach Fehlern zu unterstützen)

Wir wurden heute nicht besiegt. Wir haben verloren.

(Sunderlands Trainer Howard Wilkinson nach einer Niederlage gegen Charlton durch drei Eigentore)

Das Vergeben von Möglichkeiten ist eines der Geheimnisse des Lebens.

(Sir Alf Ramsey)

Reporter: Es war ein komisches Spiel, Jim!
Jimmy Sirrel: Menschen sind komische Leute!

(Dialog zwischen einem Journalisten und Notts Countys Manager Jimmy Sirrel nach einem Spiel bei Arsenal 1982)

Fußballer sind nicht anders als Menschen.

(Englands Nationaltrainer Graham Taylor)

Philosophie

Ein Mann kann Frauen wechseln, politische Parteien oder Religionen, aber nicht den Lieblingsverein.

(Eduardo Galeano, uruguayischer Poet, Journalist und Fußballfan, 1995)

Jede starre Taktik wird zu einem Grab.

(Christoph Daum)

Disziplin ist nicht besonders wichtig. Disziplin ist entscheidend.

(Kevin Keegan)

Es ist besser, mit einer eigenen Vision zu scheitern, als einer fremden Vision zu folgen.

(Johan Cruyff)

Wir müssen aufhören, Heldenfußball zu fordern, das ist Geschichtshascherei.

(Thomas Tuchel)

Fußball könnte so schön sein, wenn nicht dauernd was Blödes passieren würde.

(Armin Veh)

Elfmetertore sind feige.

(Pelé)

Philosophie ||| **19**

Wenn du Erster bist, bist Du Erster. Wenn du Zweiter bist, bist du nichts.

(Bill Shankly)

Ein Bäcker kann nicht von dem Brot leben, das er gestern gebacken hat. Und ein Fußballer kann nicht von seinem letzten Spiel leben. Es geht immer um hier und jetzt.

(Jürgen Klinsmann)

Es ist nicht immer alles wahr, was stimmt.

(Stefan Wessels, Torwart des 1.FC Köln, zu den Wechselgerüchten um Lukas Podolski)

Dass Ottmar ein Name ist, das ist ja ganz klar.

(Gerhard Mayer-Vorfelder, Namensforscher)

Franz Beckenbauer

KAISER FRANZ

Spielanalysen

In dunkler Fußball-Steinzeit, als die Fußballschuhe noch schwarz waren und die Stadien noch rund, da ging es im Fußball um Dinge wie: Ball erobern, Ball irgendwie nach vorne kriegen, Ball reinhauen. Heutzutage ist das nicht mehr so einfach. Es gibt flache Vieren, Doppelsechsen, zweite Bälle, und Spieler werden in ein Sandwich genommen. Höchste Zeit, uns diese Mysterien aus erster Hand anschaulich näherzubringen.

Die langen Bälle sind heute einfach zu kurz gekommen.

(Philipp Lahm analysiert ein nicht so gutes Spiel.)

Nach dem Spielverlauf kann man sagen, es gibt bei Unentschieden ja einen Gewinner und einen Verlierer.

(Waldemar Hartmann analysiert nach dem Auftakt-1:1 zwischen Deutschland und den Niederlanden bei der EM 2004 den Wert eines Unentschiedens.)

Ich nehme an, das Unentschieden gegen Lettland wird eher als Niederlage gefeiert.

(Waldemar Hartmann analysiert bei derselben EM den Wert eines weiteren Unentschiedens.)

Dieser Sieg war H und V – herrlich und verdient.

(St. Paulis Sportdirektor Helmut Schulte nach einem 1:0 in Hannover)

Wenn man schon nicht gewinnt, sollte man wenigstens nicht verlieren.

(Christian Tiffert philosophiert ebenfalls über den Wert eines Unentschiedens.)

Wenn du keine Tore schießt, kannst du auf diesem hohen Niveau keine Spiele gewinnen.

(Sunderlands Trainer Steve Bruce, der sicher erklären kann, wie man auf niedrigeren Niveau ohne Tore Spiele gewinnt)

Ziemlich alles!

(Bremens Trainer Thomas Schaaf nach einem 1:4 bei 1899 Hoffenheim auf die Frage, was die Mannschaft nicht umsetzen konnte)

Nö.

(Kaiserslauterns Torwart Tobias Sippel nach einer 1:5-Niederlage in München auf die Frage, ob Bayern auch ohne Arjen Robben gewonnen hätte)

Allerdings in der zweiten Halbzeit hat Köln aggressiver gespielt, und man hat ihnen einige Geschenke operiert, und man hat sie dankbar angenommen.

(Berti Vogts analysiert wortgewandt eine Bundesligapartie.)

In der ersten Halbzeit war Nürnberg nicht Nürnberg. In der zweiten Halbzeit war Nürnberg Nürnberg.

(Bayern-Trainer Louis van Gaal ist Bayern-Trainer Louis van Gaal.)

Spielanalysen | | | 23

Wir haben dem Druck standgehalten, den alle verspüren, nur wir nicht.

(Borussia Dortmunds Geschäftsführer Hans Joachim Watzke)

Wie wir in Portugal sagen: Sie haben den Bus reingefahren und vor ihrem Tor geparkt.

(José Mourinho als Trainer von Chelsea nach einem 0:0 gegen eine sehr defensiv agierende Elf von Tottenham)

Wenn Eckbälle noch nicht erfunden wären, wäre das heute ein sehr enges Spiel gewesen.

(Sheffield Uniteds Manager Neil Warnock nach einem 1:4 in Newcastle)

Leverkusen hat da versucht, kontrollierten Käse zu spielen.

(Reiner Calmund nach Leverkusens 3:6-Heimniederlage gegen Mönchengladbach)

Die Mannschaft war der beste Mann auf dem Platz.

(Nürnbergs Ilkay Gündoğan nach dem 3:2 bei Werder Bremen)

Wir sind ein magisches Elfeck.

(Nürnbergs Ilkay Gündoğan über die Bedeutung des magischen Dreiecks Ekici, Gündoğan und Schieber)

Die Innenverteidiger haben gespielt, als hätten sie erst zwei Spiele zusammen gemacht. Weil das auch so ist.

(Sean O'Driscoll, ehemaliger Spieler und heutiger Trainer bei Doncaster)

Sir Dave

Would someone please tell
David Beckham to retire

-BECKHAM-

England

Usually number 7
later on no. 23

Manchester United and Real Madrid

La Galxy and spent some time at AC Milan

7

no.
7

Dav
Robert y
Beckh

© Zoran Lucic

David Beckham

Die Statistiker haben ausgerechnet, dass er sich im Schnitt alle elf Minuten ein neues Tattoo stechen lässt. Seine Frau „Posh" heißt so ähnlich wie ein ZDF-Moderator und redet ähnlich schlau. Beide zusammen kaufen selten T-Shirts, die unter 600 Pfund kosten. Alles weitere Wissenswerte erfahren wir in ihren eigenen Worten und in den Aussagen hochkarätiger Beckham-Experten aus aller Welt.

Er hinterlässt einen bleibenden sportlichen Eindruck an dieser Schule, ohne dass es ihm zu Kopf zu steigen scheint. Gratulation, David.

(Aus dem Schulzeugnis des damals elfjährigen David Beckham, 1986)

Sie sind Herr und Frau Gewöhnlich, die plötzlich berühmt geworden sind.

(Elton Johns Partner David Furnish über die Beckhams)

Wenn an der Schule die Mannschaften gewählt wurden, wurde ich immer als Letzter ausgewählt. Ich war sehr klein. Ich hatte auch nicht viele Freunde.

(David Beckham über seine Schulzeit)

Die Leute sagen, du heiratest und verbringst den Rest deines Lebens in der Küche, aber mein Leben ist nicht so. Ich bin nicht sehr häuslich. Ich weiß nicht mal, wie man die Waschmaschine anstellt, und habe auch nicht die Absicht, das verdammt noch mal zu lernen. David erledigt das alles.

(Victoria Beckham, 1999)

Sie sind exakt die Art Menschen, die man auf gar keinen Fall als Nachbarn haben will. Sie haben viel Geld, aber keine Klasse und keine Ahnung, wie man sich benehmen sollte.

(Dame Barbara Cartland, englische Schriftstellerin, nachdem sie erfahren hatte, dass das Ehepaar Beckham in ihre Nähe ziehen werde)

Er ist eine sehr intelligente Person. Sehr tiefgründig. Das mag ich!

(Victoria Beckham über ihren Mann im Jahr 2000)

Posh Spice braucht die Öffentlichkeit verzweifelt für ihre Karriere. Für sie ist die Öffentlichkeit wie Sauerstoff. Aber für David ist die Öffentlichkeit wie Blausäure.

(Johnny Giles, ehemaliger Mittelfeldspieler von Manchester United, in seiner Kolumne im „Daily Express", 2000)

Die Kollegen bilden sich natürlich eine eigene Meinung über jemanden wie Beckham. Sie denken sich: „Warum ist er immer auf Modenschauen in London?" Innerhalb des Teams kann so was schädlich sein. Warum sieht man seine fünf Ferraris dauernd in der Zeitung? Er verdient zehn Ferraris, aber sie sollten nicht dauernd irgendwo zu sehen sein. Auf dem Rasen habe ich keinen Rat für ihn. Er ist ein wunderbarer Fußballer.

(Lothar Matthäus, öffentlichkeitscheu und lebenserfahren)

Beckhams Gesicht besitzt eine beinahe Garbo-mäßige, eingefrorene Perfektion.

(Autorin Julie Burchill in ihrem Buch über David Beckham)

Es gibt absolut nichts Bedeutenderes als den Zustand von David Beckhams Fuß.

(Englands Premier Tony Blair vor der WM 2002)

Das Problem ist, dass er ein Zirkuspferd ist, das keinen Trick beherrscht.

(Trainerlegende Brian Clough über David Beckham)

Beckham ist eher ein Popstar denn ein Fußballer.

(Pélé)

Wenn wir uns einmal trennen sollten, muss ich David Blaine oder Daniel Bedingfield heiraten.

(Victoria Beckham über ihr DB-Tattoo, nachdem 2004 über Affären ihres Mannes spekuliert wurde)

Ich fühle mich wie ein Stück Fleisch.

(Beckham, während Manchester United und Real Madrid 2003 über seinen Transfer verhandelten)

Er ist der berühmteste Athlet der Welt (außer in den USA).

(Überschrift in der Zeitschrift „USA Today" über David Beckham.)

Der indische Botschafter sagte: „Inocencio, hat Real Madrid nicht zu viel für David Beckham bezahlt?" Und der ungarische Botschafter ergänzte: „Er ist absolut kein Puskas!" Ich antwortete: „Puskas war besser, hat aber weniger Trikots in Indien verkauft."

(Spaniens Botschafter bei den Vereinten Nationen, Inocencio Arias, 2003)

Ich stand immer schon auf blonde, eher stille Mädchen. Victoria ist allerdings das Gegenteil: dunkel und laut.

(David Beckham über seine Ehefrau)

Mit sieben wollte ich Fußballer werden, aber mit vierzehn dann Model. Schaut, wohin mich das gebracht hat!

(David Beckham)

Ich bin sehr glücklich, den OBE zu bekommen, und es ist eine große Ehre. Die Königin hat gesagt, es sei ganz toll für sie, mir diesen Titel zu verleihen. Es ist natürlich auch eine große Ehre, die Queen zu treffen. Ich fühle mich sehr geehrt, diese Ehre zu bekommen!

(David Beckham über die Verleihung des Order of the British Empire durch die Königin)

Ich bin überrascht, dass ich noch so viele Haare habe, nach all dem, was ich mit ihnen angestellt habe.

(David Beckham)

Das war die Vergangenheit, aber jetzt sind wir in der Zukunft!

(David Beckham)

Intelligenz

Alle Fußballer sind doof, Frauen können nicht kicken, Marcel Reif ist Bayernfan, und Pinocchio basiert auf einer wahren Begebenheit.

Ich fürchte, der Vogel denkt nur von der Tapete bis zur Wand.

(Max Merkel über Herthas Marcelinho)

Manchmal, wenn du dummen Menschen Erfolg schenkst, macht es sie nicht intelligenter, sondern noch dümmer.

(Arsène Wenger über José Mourinho)

Das Schlimmste an einem Spiel beim FC Chelsea ist, dass man sich anschließend immer Mourinhos Gelaber anhören muss.

(Barcelonas Verteidiger Edmilson, 2006)

Ich würde gerne nach Dubai, um auch mal die andere Seite, den Osten Europas, kennenzulernen.

(Lothar Matthäus)

Intelligenz

Bezugnehmend auf Ihren Brief muss ich Ihnen leider mitteilen, dass ich Ihnen nicht auf der Suche nach intellektuellen Profifußballern behilflich sein kann. In der Tat können zwei meiner Verteidiger nicht einmal lesen.

(Oldhams Manager Joe Royle auf die Anfrage eines Journalisten, der an einem Feature über Fußballer mit Hochschulabschluss arbeitete, 1987)

Ich bin nicht gerne alleine, weil ich dann immer viel nachdenke. Und ich denke nicht gerne viel nach.

(Paul Gascoigne)

Als Kind schießt du Tore. Dann wachst du auf, verblödest und wirst Torwart.

(Gianluigi Buffon)

Wenn Gehirne aus Schokolade wären, würde seins nicht ausreichen, um einen Smartie zu füllen.

(Leicester City-Pressechef Alan Birchenall über Leicesters walisischen Nationalspieler Robbie Savage)

Er hat ein Herz aus Gold, aber ist dumm wie eine Bürste.

(David O'Leary, Manager von Leeds United, über seinen Verteidiger Jonathan Woodgate)

Slim Jim hatte alles, was ein großer schottischer Fußballer haben muss: Er war unverschämt talentiert, völlig gewissenlos, äußerst arrogant und dumm wie Hackfleisch.

(Kolumnist Alastair MacSporran im Fanzine „The Absolute Game" über die ehemalige Glasgow Rangers-Legende Jim Baxter)

George Best ohne Gehirn.

(Stan Seymour, Vorstandsmitglied von Newcastle United, über Paul Gascoigne)

Sie müssen Gazza entschuldigen. Er hat einen sehr kleinen Wortschatz.

(Englands Assistenztrainer Lawrie McMenemy, nachdem Gascoigne live im Fernsehen „Fuck off, Norway!" gesagt hatte, 1992)

Er trägt die Nummer 10. Ich dachte es sei wegen seiner Position, aber es ist sein IQ.

(George Best über Paul Gascoigne)

Gott gab ihm dieses enorme fußballerische Talent, aber nahm ihm dafür das Gehirn, um die Dinge auszugleichen.

(Tony Banks, britischer Sportminister, 1997 über Paul Gascoigne)

a Seleção

(10)

Edson Arantes do Nascimento

Pelé

Fans

Ohne Fans macht Fußball keinen Spaß. Ohne die meisten Fans jedenfalls. Allerdings hat sich gerade auch in den Fanblocks der Fußball sehr verändert. Während die Anhänger früher auf das Spiel reagierten und sich ohne technische Hilfsmittel ihre eigene Stimme aus dem Leib brüllten, koordinieren sie heute ihr Gruppenverhalten, sehen ihre größte Leistung im stoischen Durchhalten 40-minütiger Galeerengesänge und brauchen Megafone, um sich Gehör zu verschaffen. Früher wollten sie ein Fußballspiel gucken und sich im Stadion echauffieren, heute wollen sie zuweilen bei Transfers um Erlaubnis gebeten werden, die Arbeitsweise von Vorständen kontrollieren und Busse blockieren. Heute schreien manche Fangruppierungen in Krisenzeiten: „Wenn ihr absteigt, schlagen wir euch tot!" Früher hingegen dachten Fans in tristen Momenten: „Wenn ihr absteigt, schlagen wir uns tot."

Es sind mehr Leute da.

(Torwart Kevin Trapp vom 1. FC Kaiserslautern nach seinem Bundesliga-Debüt über den gut beobachteten Unterschied zur Regionalliga)

Wenn im Westfalenstadion der Rasen gemäht wird, stehen hinterher 20 Mann zusammen und erzählen, wie es gewesen ist.

(Max Merkel über die Anhänger von Borussia Dortmund)

90 Prozent der Fußballfans sind Anhänger von Vereinen, die entweder nix gewinnen, wie meiner, oder die nur ab und an was gewinnen. Die sind alle leidgeprüft. Die anderen sind Bayernfans.

(Schriftsteller Frank Goosen, Fan des VfL Bochum)

Wir hatten gerade eine Traumkombination über 17 Stationen gespielt, wunderschöner Fußball, und ich drehe mich um und sehe einen Zuschauer gähnen. Ich wäre am liebsten über den Zaun gesprungen und hätte ihm einen Kopfstoß verpasst.

(Ray Hudson, ehemaliger englischer Profi und später Trainer in der US Major League Soccer)

Wir werden eure Ferraris verbrennen!

(Fangesang nach einer 1:5-Niederlage Real Madrids gegen Saragossa)

Es gibt Stadien, wo man als Trainer vorher schon alte Klamotten anzieht, weil man weiß, dass man in einer Tour angespuckt werden wird.

(Sheffield Uniteds Manager Dave Bassett)

Ich muss ganz gut gewesen sein, wenn mich alle anspucken wollten.

(Bournemouth-Stürmer Steve Jones, der 1994 nach einem Spiel in eine Horde Birmingham-Fans geriet)

Lustige Stalker, unheimliche Stalker, jede Art von Stalker gibt es. Eine Frau ist einmal zwei Wochen lang jeden Tag vor meinem Haus aufgetaucht und hat mir immer wieder Unterhosen in den Briefkasten gestopft. Glücklicherweise waren es immer ungetragene.

(David Beckham über sein Leben in Madrid, 2004)

Ich habe einen Geldberater, einen Rechtsanwalt, einen Agenten, und ich würde im Traum nicht auf die Idee kommen, ich könnte ihren Job besser machen als sie selbst. Fußball ist wahrscheinlich der einzige Job überhaupt, wo völlig unqualifizierte Leute denken, sie könnten alles.

(Hulls Manager Peter Taylor über Fanproteste gegen Trainer, 2003)

Wenn sie mehr von Fußball verstünden als wir, gäbe es 50 000 Spieler und 22 Zuschauer.

(Newcastles Spieler Bill McCracken im Jahr 1911 über ihn auspfeifende Fans)

Orte wie dieser hier sind die Seele des englischen Fußballs. Die Zuschauer sind fabelhaft, ich mag es wie sie singen „Fuck off, Mourinho!".

(José Mourinho nach einem Spiel bei Sheffield United)

Jetzt, wo wir keinen Krieg haben: Was ist so verkehrt an einer schönen Prügelei? Wir sind schließlich eine Nation von Rüpeln. Ohne diese Eigenschaft, wie hätten wir da die Welt kolonialisieren können? Mit all diesen Milchgesichtern, Linksliberalen und Bettnässern um uns herum heutzutage erfreut es mich, dass wenigstens einige unseren historischen Geist aufrechterhalten.

(Die Marquise von Reading, 79, lobt Ausschreitungen englischer Fans bei der WM 1998.)

Sogar die Hooligans hatten eine schöne Zeit und genossen die Party. Vielleicht waren sie durch das Cannabis so entspannt.

(Der niederländische Polizeichef Johan Reelan über das Verhalten von England-Fans bei einem Länderspiel in Eindhoven, 2000)

Das Trinken von Alkohol kann gefährlich sein, weil es zu Betrunkenheit führt.

(Hinweis für Fußballfans aus dem UEFA-Handbuch zur Euro 2004)

Ein Team in Tallinn, es gibt nur ein Team in Tallinn ...!

(Fangesang schottischer Fans bei einem WM-Qualifikationsspiel in Tallinn zwischen Estland und Schottland 1996, zu dem Estland aus Protest gegen den von 18.30 Uhr auf 15 Uhr vorgezogenen Spielbeginn nicht antrat)

Wir sind gekommen, um uns unsere Fahrräder zurückzuholen.

(Transparent von niederländischen Fans beim Spiel gegen Deutschland im Rahmen der EM 1988. Während des Zweiten Weltkrieges hatten die Nazis im Zuge der Besetzung des Landes die Fahrräder der Niederländer konfisziert.)

Die Atmosphäre bei Fußballspielen in den USA ist nicht richtig. Die Amerikaner nehmen das Spiel als Anlass, um Hotdogs und Popcorn zu essen. In Europa können Fans vor Spielen nicht essen, weil ihr Magen vor Anspannung zugeschnürt ist.

(Der italienische Verbandspräsident Antonio Materrese anlässlich der WM 1994 in den USA)

Manchmal verliert man, und manchmal spielt man unentschieden.

(Comedian Jasper Carrott über den Alltag als Birmingham City-Fan, 1979)

Biete Ehe mit jeder Frau, die ein Ticket für das Spiel Leeds gegen Sheffield United besitzt. Bitte unbedingt Foto beilegen (des Tickets)!

(Kleinanzeige in der „Yorkshire Evening Post" 1990 vor dem entscheidenden Spiel um den Aufstieg in die First Division)

Der Angeklagte behauptete, er sei der wiedergeborene Bruder von Conan, dem Barbaren. Ferner, dass er sich in einen Elch verwandelt und früher für Leeds United gespielt hat. Ein Psychiater der Verteidigung erklärte ihn für geistesgestört.

(Gerichtsberichterstattung im „Daily Telegraph", 1988)

Idrissou spielt Champions League, auf PS3, die ganze Nacht, von zwölf bis acht.

(Fans des SC Freiburg im Spiel gegen Mönchengladbach an die Adresse ihres Ex-Spielers Mo Idrissou, der in der Saison zuvor als Stürmer beim SC Freiburg gesagt hatte: „Ich habe eh keine Lust mehr, mit euch Absteigern zu spielen. Ich spiele nächstes Jahr in der Champions League.")

Seid ihr hier in einer Bibliothek, oder was ist mit euch los?

(Stuart Pearce als Trainer zum sehr stillen Heim-Publikum)

Es ist wahr, dass mich viele Leute hassen. Aber noch mehr Leute lieben mich. Ich fühle mich nur schlecht, wenn ich schlecht spiele. Aber das passiert glücklicherweise sehr selten.

(Cristiano Ronaldo)

Der volle Name seines Vereins lautet „Liga Deportiva Universitaria de Quito". Ein Schlag ins Gesicht für den Fan, der den Namen des Vereins singen lassen möchte: „Gebt mir ein ‚L'...!"

*(BBC-Kommentator Dave Woods beim Finale
der Klub-Weltmeisterschaft 2010)*

Meine einzige Angst ist, direkt vor unseren Fans das leere Tor nicht zu treffen. Wenn das einmal passiert, sterbe ich. Ich bekomme immer Tränen in den Augen, wenn sie „You'll Never Walk Alone" singen. Es ist ein paar Mal vorgekommen, dass ich während des Spiels deshalb weinen musste.

(Kevin Keegan, 1974, als Spieler des FC Liverpool)

McStay für die Glasgow Rangers? Scheint mir ein fairer Tausch zu sein.

*(Leserbriefschreiber in der „Sunday Mail", nachdem es Gerüchte
über einen Wechsel von Celtic Glasgows Kapitän Paul McStay zum
Lokalrivalen Glasgow Rangers gegeben hatte, 1992)*

Legenden

Pelé, Diego Maradona, Ronaldo, Alfredo di Stefano, Franz Beckenbauer oder Michel Platini – sie alle vereint eine Tatsache: Sie sind inzwischen nicht mehr gut genug, um Profifußballer zu sein. Solche Menschen nennt man „Legenden". Also Menschen, die nicht gut genug sind.

Ich spaße immer mit meinen argentinischen Freunden, dass sie sich erst einmal entscheiden müssen, wer überhaupt der beste argentinische Spieler ist. Dann, wenn der dann auch 1000 Tore erzielt hat, können wir anfangen, darüber zu diskutieren.

(Pelé, der in seiner Laufbahn mehr als 1000 Tore schoss, in der „Daily Mail" über Messi, Maradona und die Frage nach dem besten Spieler der Welt)

Lieber 10 Minuten Maradona beim Autowaschen zuschauen als 90 Minuten Pflügler auf dem Fußballplatz.

(Max Merkel über den ehemaligen Bayern-Verteidiger Hansi Pflügler)

Die Brisanz dieses Spieles hat man daran erkannt, dass sich Franz Beckenbauer über unsere Tore gefreut hat.

(Mehmet Scholl nach einem Derbysieg der Bayern gegen 1860)

Messi ist ein Mensch.

(Mutige These von Matthias Sammer als Experte bei Sky)

Der kann aus 50 Metern Entfernung mit dem Ball eine Telefonnummer wählen.

(Max Merkel über Diego Maradona)

Ich war genauso enttäuscht wie Mandela.

(Ruud Gullit 1997 nach einem abgesagten Zusammentreffen mit Nelson Mandela)

Ob er so gut ist wie ich? Sei nicht albern!

(George Best über Wayne Rooney)

Wenn ich sterbe, wird man sich nicht daran erinnern, mit welchem Mädchen ich ausging, nicht an die Raufereien oder die Autounfälle, die ich gebaut habe, weil das alles nicht wichtig ist. Man wird sich an den Fußball erinnern, den ich gespielt habe.

(George Best 2005, kurz vor seinem Tod)

Wenn du mir die Wahl geben würdest zwischen einem Alleingang durch vier Verteidiger hindurch mit anschließendem Hammer aus 30 Metern ins Tor einerseits oder einer Liebesnacht mit Miss World, wäre das eine schwierige Entscheidung. Glücklicherweise hatte ich beides. Der einzige Unterschied ist, dass du die eine Sache vor 50 000 Zuschauern tust.

(George Best)

Er gehört in eine Reihe mit den ganz großen Künstlern: Shakespeare, Rembrandt und Beethoven.

(Bill Shankly würdigt mit diesen Worten das Fußballidol Dixie Dean bei einem feierlichen Abendessen, wenige Stunden bevor Dean am 1. März 1980 im Stadion des FC Everton unmittelbar nach dem Schlusspfiff des Derbys gegen den FC Liverpool an einem Herzinfarkt verstarb.)

Die meisten Spieler stehen 90 Minuten lang auf dem Rasen unter Druck, und dann haben sie 22 ½ Stunden, um sich zu entspannen. Für Gazza war es immer genau andersrum.

(Tony Dorigo, früherer Mannschaftskamerad von Paul Gascoigne)

Man ist sich nie ganz sicher, ob man ihn in seiner eigenen Mannschaft haben möchte. Aber man ist sicher, dass man ihm definitiv nicht in der gegnerischen Mannschaft haben möchte.

(Crewes Manager Dario Radi über den als genial, aber faul geltenden Matt LeTissier vom FC Southampton)

Ich habe in einer Disco getanzt, als plötzlich dieser sehr kleine, fette Mann erschien und mich umarmte. Ich dachte, es wäre ein Fan, aber dann kam sein Bodyguard dazu, und ich habe erkannt, dass es Diego Maradona war.

(Ruud Gullit über seine erste Begegnung mit Diego Maradona, 1988)

Legenden

Man sollte ihn verbieten. Er weiß während eines Spiels immer schon 20 Minuten früher als jeder andere Spieler auf dem Platz, was passieren wird.

(Jock Stein, Manager von Celtic Glasgow, über die besonderen Fähigkeiten von Englands und West Hams Superstar Bobby Moore)

Bobby Moore gehört verboten.

Manchmal möchte ich mitten im Spiel einfach aufhören zu spielen, um ihm besser zusehen zu können.

(Christophe Dugarry über seinen ehemaligen Nationalmannschaftskameraden Zinedine Zidane)

Zidane spielt, als hätte er Seidenhandschuhe an seinen Füßen.

(Alfredo di Stefano, 2005)

Man vergleicht Cristiano Ronaldo schon mit George Best, dem unvergleichlichen George Best.

(ITV-Experte David Pleat in der Zusammenfassung eines Spiels von Manchester United, 2007)

Ich bin der einzige Mensch in Athen, der privat auf der Busspur fahren darf.

(Otto Rehhagel, griechischer Nationalheld)

Es hängt da, um unsere Spieler daran zu erinnern, für welchen Klub sie spielen. Und auch um den Gegner daran zu erinnern, gegen wen sie spielen müssen.

(Bill Shankley über die THIS IS ANFIELD-Plakette am Stadiontor des FC Liverpool)

Seit 20 Jahren haben sie mir immer wieder diese Frage gestellt – Wer ist der Größte, Pelé oder Maradona? Ich antworte dann immer, dass sie nur einen Blick auf die Fakten werfen sollen. Wie viele Tore hat Maradona mit seinem rechten Fuß oder per Kopf gemacht?

(Pelé)

Wenn der Franz aus dem Fenster fällt, fällt er nach oben.

(Sepp Maier über Franz Beckenbauer)

Lob

Ich habe bei einem Amateurspiel mal überraschend unweit von Otto Rehhagel gestanden, der nach einem hanebüchenen Fehlschuss eines jungen Nachwuchsspielers leise vor sich hinmurmelte: „Ja, war gut, Vierer. Mehr drücken." Lob ist wirklich sehr wichtig.

Jeder hat alles, alles aus seinem Körper rausgeholt, körperlich, aus dem Körper, also auch mental.

(Rudi Völler nach dem verlorenen WM-Finale 2002)

Was für ein Spieler! Selbst wenn er einfach nur furzt, trifft er.

(Alessandro del Piero über Ruud van Nistelrooy)

Man bekommt bei ihm den Eindruck, dass er nach einem 5:0-Sieg seiner Mannschaft schmollend nach Hause fährt, wenn er nicht selbst getroffen hat. Deshalb ist er auch so gut.

(Gareth Southgate über Ruud van Nistelrooy)

Der Otto, was der dort macht, ist sensationell, und dass der Otto praktisch zwei Ottos hat, der hat einen Otto neben sich stehen, das ist sensationell!

(Udo Lattek über Otto Rehhagels Siegeszug bei der EM 2004.)

Paraneuer!

(Die dänische Zeitung „Ekstra Bladet" zur Leistung von Manuel Neuer gegen Manchester United in der Champions League 2011)

Für die Mainzer kommt das gleich nach der Mondlandung.

(Mainz-05-Manager Heidel über den Einzug in die Europa League)

Ich finde gut, dass er nicht irgendwie irgendwelchen Leute Puder um den Arsch schmiert oder so.

(Hanno Balitsch, Bayer Leverkusen, über seinen Kurzzeit-Trainer Thomas Hörster)

Wenn ein Mensch etwas nicht verdient hat, dann ist das Uli Hoeneß.

(Lothar Matthäus nach Protesten mancher Bayernfans gegen den Präsidenten)

Sie haben uns ziemlich zugesetzt, für fünf oder sechs Minuten.

(Der niederländische Nationaltrainer Guus Hiddink nach einem 7:1 gegen Wales 1996)

Deutschland ist ein sehr schwer zu schlagendes Team. Sie haben elf Nationalspieler auf dem Rasen.

(Nordirlands Kapitän Steve Lomas, 1999)

Arsenals Ballbehandlung und Bewegung ist einmalig. Ich hoffe, die Hörer können das sehen.

(Chris Waddle 2007 beim Spiel Bolton – Arsenal als Kommentator für BBC Radio 5)

Und Vegard Heggem, meine Güte, er muss eine Honda in der Hose haben!

(Radio 5 Live-Kommentaor Terry Butcher lobt Norwegens Verteidiger bei der Euro 2000.)

Er hört mir nicht zu. Aber wenn er trifft, ist das okay.

(Manchester City-Trainer Roberto Mancini über seinen als schwierig geltenden Star Mario Balotelli)

Immer wenn er mit dem Fuß gespielt hat, hat er richtig gut ausgesehen.

(Ralf Rangnick als Trainer von Hoffenheim zur überragenden Leistung von Luiz Gustavo, der beim 4:1 gegen Werder Bremen mit einem Handspiel den Elfmeter zur Gästeführung verursacht hatte)

Macht nichts, Alan. Wenigstens wirst du ab jetzt in der Nähe eines großen Teams spielen.

(Liverpool-Legende Bill Shankly an die Adresse des WM-Helden Alan Ball, nachdem dieser 1966 zu Liverpools Lokalrivalen FC Everton gewechselt war)

Sie haben wahrscheinlich besser gespielt als jemals zuvor in den letzten Wochen.

(Sir Bobby Robson)

Vidic war Extraklasse von der ersten Minute an bis zur zweiten!

(Roberto Martinez,
Premier League-Trainer bei Wigan Athletic)

Modric hat gut gespielt. Keane, Defoe und Palacios haben auch gut gespielt. Ich möchte keine einzelnen Spieler nennen.

(Harry Redknapp, Trainer von Tottenham Hotspur. Zu spät!)

Götze hat die Gabe, die Disziplinen „Haken schlagen" und „tödlichen Pass spielen" in einer einzigen fließenden Bewegung zu vereinen.

(Der Journalist Christoph Kneer in der „Süddeutschen Zeitung",
November 2010)

Alle hassen Wiese, aber für mich ist er der unglaublich Derbste.

(Jan Delay über Werder Bremens Torwart)

Ich sehe viele Spieler, die angeblich Weltklasse sein sollen. Er kann viel mehr. Er kann alles: rennen, köpfen, schießen. Und er ist mutig! Von all dem abgesehen kann er allerdings nichts.

(Coventry-Manager Gordon Strachan über Harry Kewell)

Es gab immer mal wieder Spieler die man „den neuen George Best" genannt hat, aber bei ihm ist es zum ersten Mal ein Kompliment für mich.

(George Best über Cristiano Ronaldo)

Deyna sendet auf einer anderen Wellenlänge. Er ist so was wie BBC Radio Four, und der Rest seiner Mannschaft bei Manchester City ist Radio Luxemburg.

(Stokes Manager Alan Durban über den polnischen Star Kazimierz Deyna)

Man wirft ihm vor, er sei arrogant, unfähig mit der Presse klarzukommen, und ein Trinker. Klingt für mich, als könnte aus ihm was werden.

(George Best 1988 über Paul Gascoigne, der damals erst 21 war)

Ja, er ballert ab und zu mal daneben. Aber wenigstens bringt er sich immer in gute Positionen, um danebenschießen zu können.

(Bill Shankly als Manager des FC Liverpool über seinen Stürmer Roger Hunt)

Brian Clough

Er hatte ein große Klappe und war ein Fußball-Philosoph. Er holte mit einem Aufsteiger erst die Meisterschaft und gewann dann den Europapokal. Er gab selten Interviews, in denen er niemanden beleidigte. Er hat sich dann totgesoffen. Er war einfach nur ein ganz typischer englischer Trainer.

Er hat mich gefragt „Weshalb spiele ich in der zweiten Mannschaft?" Ich habe geantwortet: „Weil du für die dritte zu gut bist!"

(Brian Clough als Manager von Nottingham Forest über seinen Spieler Martin O'Neill)

Er war ein sehr unattraktiver junger Mann. Wenn ich jemals schlecht drauf war, setzte ich mich direkt neben ihn, denn verglichen mit diesem dicken, plumpen Burschen war ich Errol Flynn. Aber gib ihm einen Ball, und er wird zum Künstler!

(Brian Clough über seinen Spieler bei Nottingham Forest, John Robertson)

Wenn er eines seiner Tore feierte, hatte er ein schöneres Lächeln als Clark Gable. Schöne Zähne, die Arme ausgebreitet, so zelebrierte er seinen Torjubel. Er war nicht sehr groß, aber er hatte einen sehr dicken Hintern. Der ging bis über die Kniekehlen, und der Hintern war auch eine seiner Stärken.

(Trainerlegende Brian Clough charakterisiert den damaligen Superstar Kenny Dalglish.)

Oh, ich hätte ihn wahrscheinlich auch nach Hause geschickt. Aber ich hätte ihn vorher erschossen.

(Trainerhaudegen Brian Clough nach Roy Keanes Suspendierung aus dem irischen Kader zur WM 2002 nach einer Auseinandersetzung mit Trainer McCarthy)

Ich habe eine sehr junge Mannschaft. Akne ist ein größeres Problem als Verletzungen.

(Brian Clough, Trainer von Nottingham Forest, 1992)

Brian Clough (1935–2004)

Wir haben uns 20 Minuten unterhalten und dann gemeinsam entschieden, dass ich recht habe.

(Brian Clough über seinen Umgang mit unzufriedenen Spielern)

Ich würde sogar auf meine Großmutter schießen, wenn ich dafür am Samstag drei Punkte hole. Nicht richtig schlimm, ich würde sie nur verletzen.

(Brian Clough als Manager von Nottingham Forrest im Abstiegskampf 1992)

Wie heißt er? Vorti Begts? Ich mag Deutsche nicht. Sie haben meinen Papa erschossen.

(Brian Clough über die Inthronisierung Berti Vogts als neuer Nationaltrainer Schottlands)

Training ist was für Kinder. Wenn ein Spieler in die erste Mannschaft kommt und nicht passen und den Ball stoppen kann, dann ist er einfach fehl am Platze. In Derby habe ich Roy McFarland befohlen, mit dem Training aufzuhören und sich stattdessen seine verdammten Haare schneiden zu lassen. Das ist Coaching auf höchstem Niveau!

(Brian Clough)

Schickt mir keine Blumen wenn ich tot bin. Wenn ihr mich mögt, schickt sie mir zu Lebzeiten.

(Brian Clough 2003, ein Jahr vor seinem Tod)

Internationale Härte

Einer der größten Experten-Quatschsätze ist ungefähr dieser: „In England würde das kein Schiedsrichter pfeifen!" – Wenn es nach unseren Experten ginge, dann würden wir alle glauben, dass in der Premier League vorsätzliche Tritte in die Achillessehne, Handkantenschläge auf die Halsschlagader und Messerstiche in den Oberbauch eher als kleinere Vergehen geahndet werden. Wahrscheinlich wird so etwas aus rein pädagogischen Gründen verbreitet. Wir sollen uns halt mal alle nicht so anstellen. Denn überall außerhalb unserer Landesgrenzen ist der Fußball scheinbar viel, viel härter als bei uns.

Ich würde meinen eigenen Bruder treten, wenn es nötig wäre. Genau darauf kommt es im Profifußball an.

(Steve McMahon, Mittelfeldspieler beim FC Liverpool, 1988)

Sie haben uns mächtig in den Arsch getreten. Jetzt müssen wir unsere Wunden lecken.

(Steve Bruce, Trainer des FC Sunderland)

Internationale Härte

Übersetzt: Die kleinen Unannehmlichkeiten des Fußballs.

Er hat sich die Zähne gehalten, aber es waren noch alle dran! Da muss man nicht Gelb geben.

(Bastian Schweinsteiger bewertet einen Zweikampf.)

Die haben mich so getreten, dass mir fast der Kopf abgefallen wäre. Und dann mussten wir eine Gelbe Karte gegen Claudio Caniggia wegen angeblichen Handspiels hinnehmen. Verglichen mit den Tritten, die ich einstecken musste, hat er sich verhalten wie Heidi.

(Diego Maradona kennt erstaunlicherweise Heidi)

Internationale Härte | | | 61

Zidane hat einen Fehler gemacht, und er weiß das auch. Aber Materazzi ist eine Krankheit. Solche wie er sollten nicht existieren.

(Lilian Thuram über die Kopfstoß-Affäre im WM-Finale 2006, die Zidane nach der Provokation seines italienischen Gegners Materazzi eine Rote Karte einbrachte.)

Es gibt Leute, die einfach nicht verstehen, dass der Präsident beim Spielen Vorfahrt hat.

(Boliviens Vize-Sportminister Miguel Angel Rimba erklärt nach einem Politiker-Freundschaftskick den gezielten Tritt des Präsidenten Evo Morales in den Unterleib seines Gegenspielers.)

Es war beängstigend, für den Irak zu spielen. Jeder Fehler im Spiel konnte dich ins Gefängnis bringen. Für einen Abwehrfehler musste man manchmal zwei oder drei Tage in Haft, für einen verschossenen Elfmeter vielleicht drei Wochen.

(Der irakische Nationalstürmer Saith Hussein über die Zeit, als Saddam Husseins Sohn Uday die Verantwortung für die Nationalmannschaft trug)

Get stuck into the fucking Germans!

(Berti Vogts als schottischer Nationaltrainer vor einem Qualifikationsspiel gegen Deutschland. Übersetzt bedeutet das so viel wie: „Steckt euch in die fucking Deutschen!")

Internationale Härte

Reingefressen ins Spiel, auch mal mit Fouls reingewixt.

(Ernst Tanner, Sportmanager der TSG Hoffenheim, fordert eine härtere Gangart.)

Als ich Trainer in Bournemouth war, trat ich in der Kabine vor Wut einmal ein Tablett voller Tassen durch die Gegend. Eine traf Luther Blissett am Kopf. Er hat sie per Kopf weitergeleitet, und alles ging auf meinen Mantel, der hinter ihm hing. Ein anderes Mal, bei West Ham, warf ich ein Tablett mit Sandwiches nach Don Hutchinson. Er blieb sitzen und diskutierte einfach weiter mit mir, während ihm Käse und Tomaten das Gesicht herunterliefen. Bei den vielen ausländischen Spielern heutzutage kann man solche Dinge gar nicht mehr machen. Die würden sofort heimgehen.

(Harry Rednapp, 1999 Trainer bei West Ham United)

Niemand hat je einen Ball ergrätscht und dabei gelächelt.

(Bruce Rioch, Manager von Bolton Wanderers, 1994)

Ich war politisch immer rechts von der Mitte. Die meisten Fußballer denken so wie ich. Wenn dir dauernd gesagt wird, du sollst rausgehen und deinen Gegenspieler in Stücke reißen, wirst du eher politisch rechts.

(Englands Ex-Nationalstürmer und späterer TV-Experte Jimmy Greaves)

Ich weiß, es klingt drastisch, aber die einzige Möglichkeit, wie man mit Hooligans umgehen sollte ist, sie zu erschießen. Das würde sie stoppen.

(Colchesters Trainer Bobby Roberts, 1980. Sooo drastisch klingt es auch wieder nicht ...)

Es ist mehr als ein Radio nötig, damit ich umfalle.

(Trainer Luiz Felipe Scolari, als er nach einem Spiel mit Palmeiras São Paulo in der Copa Sudamericana von gegnerischen Fußball-Fans mit einem Radio beworfen und am Hinterkopf getroffen worden war)

Ich hatte auf dem Rasen nie mit jemandem zu tun, der nur dafür da war, seine Gegner zu verletzen und ihnen die Beine zu brechen. Es ist ein bisschen wie eine aussterbende Kunst.

(Steve Bruce, Ex-Profi und Trainer des AFC Sunderland)

Mourinho ist jemand, dem man einfach ständig auf die Schnauze hauen möchte.

(Catanias Sportdirektor Pietro Lo Monaco)

Vor jedem Spiel sage ich mir, dass es wehtun wird und auch wehtun soll. Ich weiß, ich bin verdammt stark – stärker als die! Und selbst wenn es wehtut, wird es ihnen noch mehr wehtun als mir.

(Henrik Larsson, Stürmer bei Celtic Glasgow)

Die Leute denken, Paul und ich hätten eine Vater-Sohn-Beziehung. Nun, ich habe zwei Söhne, und mir war nie danach, sie zu schlagen. Aber Paul hätte ich oft gerne eine gelangt.

(Walter Smith, Paul Gascoignes Trainer beim FC Everton und den Glasgow Rangers)

Es ist lange her, seit ich zuletzt einen Spieler sah, der notfalls auch seine Großmutter treten würde, um zu gewinnen. So etwas ist toll, außer vielleicht für die Großmutter.

(Newcastle-Manager Glenn Roeder über seinen jungen Verteidiger Steven Taylor)

Dennis ist so ein netter Mensch, so ein ungemeiner Gentleman mit so einer entzückenden Familie … Es wird mir sehr schwerfallen, ihn zu treten.

(Tony Adams über seinen Arsenal-Kollegen Dennis Bergkamp vor dem EM-Spiel England – Niederlande 1996)

Ich wollte ihn genau unter die Lupe nehmen, bevor ich ihn verpflichte. Also schaute ich mir seinen damaligen Verein Wealdstone an, an einem lausigen Abend in Yeovil. Nach acht Minuten setzte er zu einer krachenden Grätsche an, und einen Wimpernschlag später landete der Außenstürmer von Yeovil auf dem Schoß meiner Frau. Ich sagte zu ihr: „Das war's. Ich habe genug gesehen. Lass uns heimfahren."

(Manager Bobby Gould erinnert sich, wie er Stuart „Psycho" Pearce zu Coventry City holte.)

Internationale Härte | 65

Schmeichel baute sich drohend vor mir auf, und die anderen Spieler haben sich schon die Augen zugehalten. Ich schaute nach oben und dachte: „Wenn er mich haut, bin ich tot."

(Sir Alex Ferguson über eine Kabinen-Auseinandersetzung mit seinem Torwart Peter Schmeichel)

Ich erinnere mich an ein Spiel gegen Dennis Wise für Liverpool in Chelsea. Da hat er mich einmal an der Titte festgehalten. Als ich später ausgewechselt wurde und mein Trikot auszog, hatte ich fünf Fingerabdrücke rings um meine Brustwarze, wie Knutschflecken. Es hat mich etwas Geschick gekostet, das meiner Frau zu erklären.

(Jason McAteer, schottischer Mittelfeldspieler)

Egal gegen wen er spielt, er will jeden Gegenspieler zermürben. Wenn er dich foult hilft er dir anschließend wieder hoch, aber der Schiedsrichter sieht nicht, an welchem Körperteil.

(Ryan Giggs über Dennis Wise, 2000)

ALFREDO DI STÉFANO
SAETA RUBIA

9

ESPAÑA ARGENTINA Y EL REAL MADRID CLUB DE FÚTBOL

LOS BLANCOS

Poesie

Auch Nicht-Fußballfans müssen beim Lesen des nun folgenden Kapitels neidlos und laut nickend einräumen, dass die wunderbare Welt des Fußballs uns Gedankengänge, Formulierungen und zeitlos schöne Sätze schenkt (in dieser Reihenfolge), die ohne die Erfindung des Balles niemals zustande gekommen wären.

Die Mannschaft wankt. Sie wankt hin und her, wie ein Turm im Sturm.

(Oliver Kahn)

Fußball ohne Tore ist wie ein Tag ohne Sonne.

(Alfredo di Stefano)

Es ist nichts verloren, wenn du hier verlierst.

(Rainer Bonhof)

I think we have a grandios Saison gespielt!

(Roman Weidenfeller zu einem Reporter von Dubai TV nach dem entscheidenden Sieg um die Meisterschaft 2011)

Natürlich ist das natürlich nicht gut.

(Rudi Völler)

Punktemäßig haben wir in der letzten Woche ganz schön gepunktet.

(Uli Hoeneß)

Gerade nach dem Fehlstart, wo wir hingelegt haben, ist es wichtig, dass man jetzt punktet, um in ruhiges Gefahrwasser zu kommen, und deswegen waren die drei Punkte lebensnotwendig.

(Erfurts Trainer Stefan Emmerling im MDR)

Der Pokal ist ein Zubringsel für den Verein.

(Stefan Blank, nach dem überraschenden Erreichen des DFB-Pokalfinales mit dem Zweitligisten Alemannia Aachen 2004)

Die Stadt Frankfurt begrüßt Sie zur endlosen Ausrundung!

(Frankfurts Oberbürgermeisterin Petra Roth meinte eigentlich die Endrunden-Auslosung.)

Für mich ist der Ball wie ein Diamant. Wenn du etwas so Kostbares hast, solltest du es nicht wieder verlieren, sondern es allen präsentieren.

(Glenn Hoddle vor seinem Einstand als Spieler des AS Monaco)

Wenn die Möwen dem Fischerboot folgen, dann tun sie das, weil sie erwarten, dass Sardinen ins Meer geworfen werden.

(Eric Cantona an die Adresse der ihn verfolgenden Journalisten, als er 1995 nach einer Attacke gegen einen Fan von Crystal Palace aus der Untersuchungshaft entlassen wurde)

Wenn ein Franzose rumfaselt von Möwen, Fischerbooten und Sardinen, nennen ihn alle einen Philosophen. Würde ich dasselbe erzählen, würde man mich einen schottischen Penner nennen, der nur Schrott redet.

(Gordon Strachan, ehemaliger Teamkollege von Eric Cantona bei Leeds United)

Die Tür ist immer offen, bis sie zu ist.

(Hope Powell, Englands Nationaltrainerin, erklärt Feinheiten des Auswahlverfahrens für den Kader der Engländerinnen bei der Frauen-WM 2007.)

Das Undenkbare ist jetzt im Moment nichts, woran wir denken.

(Manchester Uniteds Vorstandschef Peter Kenyon im Jahr 2000 über das mögliche Ausscheiden aus der Champions League.)

Der neue Trainer hat uns unglaublichen Glauben verliehen.

(Arsenals Paul Merson 1986 über seinen neuen Trainer Arsène Wenger)

Manchmal sind wir zu berechenbar, aber außerhalb dieser Berechenbarkeit sind wir völlig unberechenbar.

(Cambridge Uniteds Trainer John Beck)

Das ist Vergangenheit, und die Vergangenheit hat keine Zukunft.

(David Pleat über seine Entlassung als Trainer bei Sheffield Wednesday 1997)

Wir haben das Herz in die Hose genommen.

(Dynamo Dresdens Marcel Heller nach einem sensationellen 4:3 im Pokal gegen Bayer Leverkusen, 2011)

Ich hoffe, dass die deutsche Mannschaft auch in der zweiten Halbzeit eine runde Leistung zeigt, das würde die Leistung abrunden!

(Günter Netzer)

Wir haben in dieser Saison noch nicht viel geduselt.

(Louis van Gaal nach einem etwas glücklich zustande gekommenen CL-Sieg gegen Cluj)

Wir stehen jetzt wieder mit leeren Punkten da.

(Lukas Podolski)

Das Spielerische kommt dann übers Spiel.

(Andreas Wolf, 1. FC Nürnberg, 2010)

Man träumt immer von einem Traumstart.

(Michael Owen)

**Wir hatten einen Glauben,
an den wir glaubten.**

*(Jan Mölby,
dänischer Fußballheld)*

Ihre Stärke ist ihre Stärke.

*(Ron Atkinson,
englischer Ex-Spieler,
Ex-Trainer und Ex-Experte)*

RON ATKINSON

© Bergmann AG

**Ein brasilianisches
Sprichwort sagt:
Es ist besser,
wenn seine Mutter weint,
als wenn meine Mutter weint.**

*(Grafite nach zwei Toren gegen seinen Ex-Trainer Felix Magath
beim 2:1-Sieg Wolfsburgs gegen Schalke 04 im Frühjahr 2010)*

Poesie

Ich dachte, dass ich heute Morgen tot war. Aber Sie sind die Gladiolen! Unglaublich. Wir leben wieder!

(Louis van Gaal bei auf dem Münchner Marienplatz nach dem Gewinn der Meisterschaft 2010)

Er hat ihn mit seinem Kopf geköpft, offensichtlich.

(Paul Merson, Ex-Arsenal-Star)

Wir haben verloren, weil wir nicht gewonnen haben.

(Ronaldo)

Der Kopf der Gruppe darf nie auf Sparflamme brennen.

(FCK-Trainer Marco Kurz im September 2010)

Auch da keiner dort!

(ORF-Kommentator Oliver Polzer kommentiert einen Fehlpass.)

**Ich bin viel schneller
Als jene die rennen
Ohne nachzudenken.**

(Gedicht von Pelé aus dem Buch „My Life and the Beautiful Game", 1977)

© Bergmann AG

Poesie

Sämtliche Gefühle platzen hier auf einen ein.

(Fabian Boll vom FC St. Pauli nach seinem Tor beim Pokalsieg gegen Werder Bremen)

Ich habe zu den Burschen in der Halbzeit gesagt … ich sagte: „Es gibt nichts zu sagen!"

(Sir Bobby Robson)

Unerklärlich, das muss man mir erklären.

(Kölns Präsident Wolfgang Overath nach einer Niederlage im Pokal gegen den Zweitligisten MSV Duisburg zum Jahresende 2010)

Wenn alles schiefgeht, dann scheint es, als ob nichts klappt.

(Gary Speed, Trainer der walisischen Nationalelf)

Wenn eine Tür zugeht, ist es oft so, dass sich dafür eine andere schließt!

(Howard Wilkinson)

Da muss man besser die Enge räum machen.

(Toni Schumacher 2005 nach einer deutschen Niederlage in der Slowakei)

1986. FIFA World Cup Mexico

NO. 10 EL PIBE DE ORO
DIEGO ARMANDO MARADONA
ARGENTINA – CA BOCA JUNIORS
BARCELONA FC – SSC NAPOLI

Diego Armando Maradona (born 30 October 1960, Lanús, Buenos Aires, Argentina) is a former Argentine football player. He is widely regarded as one of the greatest football players of all time.

Selbstkritik & Einsichten

Beim Fußball unterscheidet man zwischen feingeistigen, sich selbst reflektierenden und zur Selbstkritik fähigen Sportlern auf der einen Seite und Stefan Effenberg auf der anderen. Das Einräumen eigener Schwächen ist in nahezu jedem Fall ein Ausdruck von Stärke. Und die klare Analyse selbstverschuldeter Unzulänglichkeiten ist ein wichtiger Ansatz zur Verbesserung.

Der Ball hat meine Hand berührt. Ich bin ehrlich.

(Thierry Henry gibt etwas zu spät ein Handspiel zu, das Irland die WM 2010 kostete und das ohnehin jeder sehen konnte. Aber er war immerhin spät ehrlich.)

Meine legitimen Kinder sind Dalma und Giannina. Die anderen Kinder sind ein Produkt meines Geldes und meiner Fehler.

(Diego Armando Maradona)

Wie ein Springbock bin ich immer.

(Günter Netzer)

Selbstkritik & Einsichten

Manchmal bin ich über mich selbst verzückt, und dann wieder tue ich Dinge, für die ich mir am liebsten ins Gesicht schlagen würde.

(Freddy Adu, als Wunderkind gepriesener US-Nationalspieler)

Ich bin jung, ich habe manchmal meine Aussetzer, aber sonst ist alles okay.

(Bremens Neuzugang Marko Arnautovic 2010 zu den Gerüchten, er sei nicht ganz einfach)

Es ist ja leider so, dass man als Torwart bei solchen Benefiz-veranstaltungen dazu dient, der Belustigung der Leute Ausdruck zu verleihen, indem man Tore kassiert.

(Jens Lehmann hinterfragt kritisch seine eigene Rolle beim Benefizkick Tag der Legenden.)

Ich kann gar nicht zurücktreten. Ich bin doch kein Politiker, und ich bin nicht gewählt.

(Michael Meier, Kölns Manager, etwas zickig über Rücktrittsforderungen der FC-Fans. Zurücktreten wäre übrigens theoretisch wohl trotzdem möglich gewesen. Wenn er freilich kurz darauf nicht ohnehin entlassen worden wäre.)

Asamoah steht dumm rum, weiß wieder mal nicht, wo er hin soll. Ball kommt, Kopfball, Tor.

(Gerald Asamoah selbstkritisch nach einem Tor gegen Mönchengladbach.)

Ich bin kein Trainer zum Knuddeln und Liebhaben. Die Fans sollen Manuel Neuer knuddeln, oder Raul. Der ist einer zum Liebhaben.

(Felix Magath stellt etwas klar, was ohnehin jeder schon irgendwie vermutet hatte. Vor allem seine Spieler.)

Ich. Wer sonst.

(Schalkes Trainer Felix Magath in einer eher glücklosen Saisonphase auf die Frage, wer Schalke 04 nun helfen solle)

Die einen werden als Abzocker, Heulsusen oder Arbeitsverweigerer geboren. Andere kommen als Torsten Kracht zur Welt.

(Im Jahr 2000 der Slogan einer PR-Aktion von Eintracht Frankfurt. Am Saisonende stieg Frankfurt ab, Kracht wechselte nach Karlsruhe.)

Nix.

(Lukas Podolski auf die Frage eines Journalisten nach einem EM-Qualifikationsspiel gegen Aserbaidschan, was mit ihm zwischen den beiden vergangenen Länderspielen passiert sei)

Das zieht sich doch wie ein roter Faden durch meine Karriere: Mal bin ich beliebt wie Fußpilz, und dann bin ich auf einmal der Fußball-Gott.

(Tim Borowski)

Selbstkritik & Einsichten

Die ganze Bundesliga ist hinter mir her, Bayern München, alle. Ich kann mich kaum retten vor Angeboten. Von daher muss ich mich irgendwann mal entscheiden.

(Hannovers Joker Mike Hanke in der ARD-Sportschau vor seinem Wechsel zu Mönchengladbach)

Vielleicht bin ich der Harald Juhnke des Fußballs. Mit dem Unterschied, dass ich noch lebe.

(Uli Borowka)

Vor allen Dingen weil es geregnet hat, ist der Platz jetzt ganz anders, als er sich vorher dargestellt hat.

(Gerhard Delling)

Ich rede viel. Über jedes Thema. Das Thema ist immer Fußball.

(Tommy Docherty, Manager des FC Chelsea, 1967)

Ich genieße jedes Jahr den Sommer. Da finden keine Spiele statt, die man verlieren kann.

(Roy Evans, Trainer beim FC Liverpool, 1997)

Ich komme nicht aus einer Flasche.
Ich bin ein Besonderer.

(José Mourinho auf seiner Einstands-Pressekonferenz beim FC Chelsea)

Selbstkritik & Einsichten

Die haben Leute dabei, die mehr Haare am Rücken haben als auf dem Kopf. Da ist natürlich mehr Erfahrung da.

(Thomas Müller nach dem Champions-League-Aus gegen Inter Mailand, 2010)

Manche Menschen sagen, wir Profifußballer seien moderne Sklaven. Nun, wenn DAS Sklaverei ist, bitte gebt mir Lebenslänglich.

(Bobby Charlton, 1960)

Wir sind immer erst in der zweiten Halbzeit richtig da. Das Problem ist, dass die zweiten Halbzeiten dann nie lang genug dauern.

(Norwich City-Präsidentin Delia Smith)

Ich verliere nicht, weil ich keine Spieler verpflichtet hab', sondern weil ich zu viele verpflichtet hab'. So einfach ist die Welt.

(Felix Magath zur Kritik an seinen Transfers)

Das ganze Problem mit Fußballprofis ist, dass sie sich so verdammt wichtig nehmen. Wir treten einen Ball durch die Gegend und verdienen 100 000, 200 000 oder sogar 300 000 Euro pro Woche. Wir verbessern nicht die Welt. Es ist nicht so, dass wir das warme Wasser erfunden haben.

(Benoit Assou-Ekotto, Profi bei Tottenham)

Selbstkritik & Einsichten

In dieser Saison haben wir uns einen Nachteil erarbeitet.

(Pierre Littbarski während seines Intermezzos als Trainer des VfL Wolfsburg.)

Ich bin ein Raumdeuter.

(Thomas Müller)

Viele sehen es negativ, dass wir schlecht gespielt haben.

(Kevin Kuranyi)

Ich mache dafür keinen Menschen verantwortlich.
Ich mache mich selbst verantwortlich.

(Joe Royle, ehemaliger Profi und jetziger Trainer, u. a. bei Everton und Manchester City)

Ein Lothar Matthäus gehört in den Sportteil und nicht auf die Klatschseiten. Daran arbeite ich.

(Lothar Matthäus)

Wir brauchen mehr dieser 1:0-Spiele. Vorher haben wir die 1:0-Spiele zu selten gewonnen. Wir haben entweder unentschieden gespielt oder verloren.

(Jermaine Jones, der ab und zu gerne mal 1:1 verliert)

Ich bin Fußballer, kein Sozialwissenschaftler.

(Michael Ballack auf die Frage, welche Nachwirkung die WM 2006 für Deutschland habe)

Selbstkritik & Einsichten

Ich glaube wirklich nicht, dass ich der beste Fußballer der Welt bin. Oft denke ich, ich bin nicht einmal der Beste bei Barca.

(Ronaldinho, 2006)

Vielleicht mögen mich manche Menschen wirklich nicht. Vielleicht, weil ich zu gut für sie bin.

(Cristiano Ronaldo)

Ich bin nicht die Art Person, die du in deiner Nähe haben möchtest, wenn du Frieden und Ordnung in deinem Leben haben willst.

(Dennis Wise)

Ich habe für Middlesbrough zum Ende der Saison hin nicht viele Spiele gemacht, oder zu Beginn der Saison, oder in der Mitte der Saison.

(Paul Gascoigne, 2000. In der gesamten Saison absolvierte er 8 Ligaspiele für Middlesbrough.)

Was ich gerne für immer loswerden würde, ist das eine Wort „aber". Sie wissen schon: „Er ist ein guter Spieler, ABER …" oder: „Er hat so viel Talent, ABER …"

(Matt LeTissier)

Medizinisches

Die medizinische Seite des Fußballsports ist hochinteressant, auch für Laien. Ständig werden von Entwicklern in Laboren vermutlich in den USA neue, spektakuläre Blessuren erfunden wie z. B. der Syndesmosebandriss oder die Adduktorenzerrung. Beides gab es vor drei Jahrzehnten überhaupt noch nicht. Auch die Therapiemöglichkeiten haben sich verändert. Während man heute für jede Verletzung unterschiedliche hochmoderne Behandlungsmethoden zur Verfügung hat, bekamen Spieler in den sechziger Jahren entweder eine Bandage oder Gips. Geholfen hat beides gewiss nicht schlechter als der neumodische Schnickschnack heutzutage.

Seine Wade ist noch nicht da, wo sie hin muss.

(Jürgen Klinsmann erklärt, weshalb Michael Ballack beim WM-Auftaktspiel 2006 nicht dabei sein kann.)

Robben ist eigentlich nicht verletzt, aber sein Muskel ist müde.

(Louis van Gaal, Sandmännchen)

Zwei Tage nach einem Muskelfaserriss, der jeden anderen für 14 Tage außer Gefecht gesetzt hätte, an einem saukalten Tag, an dem wir alle mit Pudelmützen und Handschuhen trainierten, kam er plötzlich zum Training, rannte durch den Nebel raus auf den Trainingsplatz und trug nichts außer einer Unterhose und einem Handtuch um den Kopf. Deshalb nennt man ihn „Psycho".

(Kevin Keegan als Manager von Manchester City, nachdem Stuart „Psycho" Pearce 2002 seine aktive Karriere mit Manchester Citys Aufstieg beendete)

Als ich gesehen habe, dass die Ostkurve explodiert, ist es auch bei mir im ganzen Körper explodiert.

(Herthas Pierre-Michel Lasogga über erstaunliche biologische Vorgänge)

Als er ein paarmal verletzt war, da war er immer ziemlich traurig. Und da hab ich schon gedacht, das kann vielleicht auch an der Stimmung liegen.

(Ottmar Hitzfeld über Sebastian Deisler)

Ich blute schwarz und weiß.

(Bobby Robson, langjähriger Trainer bei Newcastle United)

Medizinisches

Jamie Carragher sieht jetzt aus, als hätte er einen Krampf in beiden Leisten.

(ITV-Kommentator Andy Townsend während des Champions League-Finales FC Liverpool – AC Mailand 2005)

Wiese hat fast schon einen Rückenschaden vom Bälleraus-holen, denn Bremen spielt gerne mal mit vier Gegentoren.

(Sky-Kommentator Marcel Reif)

Der zweckorientierte Ergebnisfußball steht Werder Bremen einfach nicht. Das ist praktisch gegen die eigene DNA.

(SAT 1-Reporter Wolff Christoph Fuss im Champions League-Qualifikations-Rückspiel Genua gegen Werder Bremen)

Es gibt noch ein Fragezeichen hinter dem Einsatz eines Spielers, und das ist Tony Adams, der morgen definitiv nicht spielen wird.

(Kevin Keegan)

Ich habe meine Brille nicht dabei. Deswegen ist es Abseits.

(Jupp Heynckes)

Johan Cruyff

CRUIJFF

Nederlands
Nationaal Voetbalelftal

14

KNVB

Trainingsgeheimnisse

Schlaue Menschen betonen immer mal in schlauen Fernsehsendungen, der Fußball sei „gläsern" geworden und heute wisse jeder alles vom anderen. Das stimmt nur zum Teil. Beim Training gibt es je nach Mentalität des Trainers immer noch recht große Unterschiede. Manche bauen Hügel und werden dadurch Deutscher Meister, andere spielen mit den Spielern Gummi-Twist, wieder andere reden mit ihren überforderten Spielern nicht wie ein Mensch, sondern wie Christoph Daum.

Klar, bis morgen früh um 10 Uhr.

(Felix Magath auf die Frage, ob er seinen Spielern nach einem Spiel gegen Leverkusen etwas Freizeit gönnt.)

Der Kummerkasten ist leer.

(Schalke-Torhüter Manuel Neuer zur veränderten Stimmung seit der Entlassung von Trainer Magath)

Frühstück, Training, Mittag, Bett, Abendbrot, Bett.

(Wayne Rooney über den Tagesablauf während einer WM.)

Große Teams brauchen keine Trainer. Brasilien wurde 1970 Weltmeister mit berauschendem Fußball, mit einem Trainer, der damals seit drei Wochen im Amt war. Welchen Einfluss kann der in dieser kurzen Zeit gehabt haben? Oder nimm Real Madrid in seiner Glanzzeit. Man kann sich nicht einmal erinnern, wer da überhaupt Trainer war.

(Danny Blanchflower, ehemaliger Tottenham-Kapitän, in seiner Kolumne im „Sunday Express", 1972.)

Du könntest das Team am Sonntag auch von Micky Maus coachen lassen. Du könntest einen Eimer hinstellen mit einem Mop drin, oder einen Schneemann mit einer Karotte als Nase. Es wäre egal, weil niemand für solch ein Match motiviert werden muss.

(Carlisles Trainer Ian Atkins 2001 vor einem Pokalspiel gegen Arsenal)

Im Training hat die Woche durch alles klasse ausgesehen. Aber das Problem beim Fußball ist, dass der Samstag immer irgendwann kommt.

(Tottenhams Trainer Keith Burkinshaw, 1983)

Ich fragte den Trainer, ob wir einen Ball für die Trainings-einheit bekommen. Er hat mich entsetzt angeschaut, als hätte ich ihn um meine Freigabe gebeten. Er erklärte mir dann, dass sie in Barnsley niemals mit einem Ball trainie-ren. Seine Theorie war, dass wir am Wochenende im Spiel hungrig nach dem Ball sind, wenn wir die ganze Woche lang keinen sehen. Ich habe ihm gesagt, dass ich den Ball dann am Samstag vielleicht gar nicht erkennen werde.

(Danny Blanchflower, Kapitän der englischen Nationalmannschaft, erinnert sich an seinen ersten Klub.)

Ich habe Germania Windeck zweimal analysieren lassen, so, ich weiß alles über diesen Verein.

(Louis van Gaal über den Bayern-Gegner in der ersten DFB-Pokalrunde)

Er schreit manchmal schon gerne – aber ich versteh' nicht, was er sagt.

(Schalkes Jurado über seinen Trainer Felix Magath)

Portugal

LUIS
FIGO

Selecção Nacional de Futebol de Portugal
Luís Filipe Madeira Caeiro Figo

Kultur

Der Alltag früherer Kickergenerationen war anders als heute. In den Gründerjahren der Bundesliga waren Lizenzspieler glücklich, wenn ihnen ihre Frau Uschi (die manchmal auch Helga oder Susanne hieß) nach dem Training eine Nudelsuppe bereitet hatte. Abends wurde ferngesehen, und kulturell besonders interessierte Profis besaßen eine Langspielplatte von Udo Jürgens. Der kulturell begeisterte Fußballprofi unserer Zeit kennt mehrere namhafte Hiphopper persönlich, ist mit Xavier Naidoo befreundet und geht mit seiner Lebensgefährtin auch mal auf die Bayreuther Festspiele. Wegen des Essens.

Was verdammt noch mal ist „Kunst"? Ein Bild von einer Flasche, die neben einem stinkenden, alten Pullover liegt? Was verdammt noch mal soll das alles? Und schau dir mal Opern an. Für mich ist das ein Haufen Scheiße. Aber die Leute lieben so was. Ich sage: Fußball ist Kunst! Als ich bei der Euro 2000 Frankreich gegen Holland gesehen habe, war ich orgastisch.

(Aston Villas Trainer John Gregory)

Ich habe einmal Stunden in einer Bar mit einem Typen ge-
quatscht, den ich die ganze Zeit für den Sänger Seal gehalten habe. Später fand ich heraus dass es in Wirklichkeit
jemand namens Ruud Gullit war.

*(Laurence Llewelyn-Bowen, britischer Innenarchitekt und Moderator
einer BBC-Fernsehshow namens Changing Rooms)*

Ich traf Mick Jagger, als ich bei Oxford United spielte und
die Rolling Stones ein Konzert in der Stadt gaben. Ich hatte
keine Ahnung, dass er eines Tages genauso berühmt werden würde wie ich.

(Ron Atkinson, 2003)

Eine halbe Stunde?! Man kann „Ben Hur" in einer halben
Stunde drehen! Du bekommst 15 Sekunden.

*(Ron Atkinson 1984 an die Adresse eines Fotografen,
der um einen 30-minütigen Termin bat)*

Ich habe in der Zeitung gelesen, Terry Neill möchte „den
Spaß zurückbringen nach Tottenham". Was will er tun – die
Spieler mit verdammten Banjos ins Spiel schicken?

*(Eddie Baily, ehemaliger Assistenztrainer der Tottenham Hotspurs,
über Terry Neill, der nach seinem Abschied das Traineramt übernahm.)*

Mein Team ist wie ein Orchester. Um die Symphonie korrekt zu spielen, brauche ich das „Bumm-Bumm" genauso wie das „Tuut-Tuut". Manchmal harmonieren das „Bumm" und das „Tuut" sehr gut.

(Claudio Ranieri, Trainer des FC Chelsea, 2004)

Das gehört zu meiner Kultur. Ich bin Italiener. In Italien gewinnst du als Trainer ein Spiel, spielst im zweiten Spiel unentschieden und wirst nach dem dritten gefeuert.

(Claudio Ranieri zu hartnäckigen Spekulationen über seine Entlassung beim FC Chelsea 2004)

Wir hören immer, Einstein sei ein Genie gewesen, aber die wenigsten von uns können das beurteilen. Fußball ist einer der wenigen Bereiche des Lebens, wo man selbst als Laie einfach so in ein Stadion gehen kann, George Best dabei zuschaut, wie er drei Gegenspieler vernascht, und hinterher weiß: „Ich habe ein Genie gesehen."

(Simon Kuper, englischer Schriftsteller, 1999)

Ich habe gehört, wir sollen endlich mal einen großen Namen holen. Engelbert Humperdinck ist solch ein großer Name, aber das bedeutet nicht, dass er deshalb auch Fußball spielen kann.

(Blackburns Trainer Ray Harford, 1996)

Man sagt Fußballern immer einen schlechten Musikge-
schmack nach. Aber das ist Unsinn! Ich zum Beispiel höre
in meinem Auto im Moment The Corrs, Cher, Phil Collins,
Shania Twain und Rod Stewart!

(Andy Gray, ehemaliger Profi u. a. bei Aston Villa und Everton)

Auf jeden Fall. Aber ich habe nicht mit ihm zusammen gespielt.

(Dédé, BVB, auf die Frage, ob er Udo Jürgens kenne)

Vuvuzelas sind eine wunderschöne Klangkulisse für ein
wunderschönes Spiel.

(Südafrikas Tourismus-Webseite vor der WM 2010)

Wir möchten, dass er unser spiritueller Führer wird.

(Zong Bohong, Trainer des chinesischen Klubs Gansu Tianma,
nachdem er Paul Gascoigne 2003 verpflichtet hatte.
Gascoigne brachte es für Gansu auf vier Spiele.)

Gene Simmons erinnert uns fortwährend daran, dass Kiss
einmal eine der größten Bands der Welt waren. Das ist dasselbe wie andauernd daran erinnert zu werden, dass Aston
Villa einmal den Europapokal gewonnen hat, 1982. Man
fragt sich, was für eine Welt das war, in der solche Dinge
passieren konnten.

(Rock-Journalist David Hepworth in der Zeitschrift „WORD", 2006)

Alan Shearer ist ein langweiliger Typ. Wir nennen ihn bei uns „Mary Poppins".

(Newcastles Direktor Freddy Shepherd 1998 zu einem „News Of The World"-Reporter, der dieses Gespräch unwissentlich mitschnitt)

Ich schaute ihm in die Augen und sagte: „Du bist der am meisten überschätzte Spieler, den ich je gesehen habe!" Er hat nichts geantwortet. Wahrscheinlich nennen sie ihn deshalb Mary Poppins: Weil er so unschuldig ist.

(Ruud Gullit als Manager von Newcastle United über seinen Spieler Alan Shearer)

Ich habe Ronaldinhos Siegtor gegen uns noch nicht im Fernsehen sehen können. Es ist nicht so, dass ich es vermeide, aber meine kleine Tochter schaut ununterbrochen „Teletubbies".

(David Seaman nach Englands WM-Aus gegen Brasilien 2002, das durch seinen Fehlgriff bei einem Lupfer von Ronaldinho verursacht wurde)

Erotik & Sex

Auch Fußballer müssen sich fortpflanzen, weil es sonst ja bald keine Bundesliga mehr gäbe. Sie tun das in vielen Fällen scheinbar irgendwie ... anders als wir.

Mein Erfolgsrezept ist Passiv-Sex zwei Stunden vor dem Spiel.

(Ronaldo)

Ich spiele viel besser, wenn ich vor dem Spiel Sex hatte. Ich brauche Sex dreimal pro Woche.

(Ronaldo)

Wichtig ist auch, dass wir noch regelmäßig die Liebe miteinander machen.

(Louis van Gaal im Beisein seiner Frau Truus in einer TV-Talkshow über sein Vitalitätsrezept)

Sex ist für alle ein Bestandteil des Lebens. Mit gleichbleibenden Partnern und ohne Champagner ist das möglich.

(Argentiniens Teamarzt Donato Villami über Sex während eines Turnierverlaufs)

Erotik & Sex

Dann stehst du da halbnackt neben der Bundeskanzlerin. Das ist schon immer komisch. Sie hat dann noch ein Bier in der Hand und stößt mit dir an.

(Klingt surreal, ist Bastian Schweinsteiger aber wirklich so passiert.)

Ich habe einen Körper wie ein Gott, aber nicht wie Mario Gomez.

(Louis van Gaal)

Ist das der hübscheste Mann Deutschlands?
Ich glaube schon!

(Neven Subotic, gelallt, über den halb kahlrasierten Kevin Großkreutz nach dem BVB-Meisterstück 2011)

Im Fußballspiel steckt auch Zärtlichkeit. Man muss den Ball so mit den Füßen streicheln, dass er im Netz des Gegners landet.

(Pelé)

Seine Mannschaftskameraden nannten ihn „Gigolo". Unglücklicherweise hat es etwas gedauert, ehe ich die volle Bedeutung dieses Spitznamens begriff.

(Alex Best, ehemalige Freundin von John Scales, Verteidiger u. a. bei Wimbledon)

Erotik & Sex

Ich glaube, Tore schießen ist mir wichtiger als Sex. Für Fußball würde ich einfach alles tun, für Sex nicht ganz so viel.

(Bastian Schweinsteiger)

Männer haben zwei Leidenschaften. Eine findet im Bett statt, und die andere ist ihr Fußballteam.

(Wigans Vorsitzender Dave Whelan, 2005)

Bryan Robson hat große Namen zu uns geholt. Aber das war immer ein bisschen, als ob du in einem Nachtklub eine tolle, große Blonde ansprichst. Deine Kumpel werden sagen: „Phwoar!" Aber bleibt die Blonde danach auch bei dir?

(Bernie Slaven, Spieler bei Middlesbrough, kommentiert die spektakulären Neuverpflichtungen seines Vereins ab Mitte der 90er Jahre durch Manager Robson.)

Es ist schwer, zweimal in einer Woche leidenschaftlich zu sein.

(George Graham, Arsenals Trainer, 1992 über die Anforderungen an englische Profis)

Dadurch sollen wir also Weltmeister werden. In was denn? Masturbation?

(Brasiliens Star Luis Pereira während der WM 1974 über das durch den brasilianischen Verband ausgesprochene Verbot, während des Turniers die eigenen Frauen und Freundinnen zu sehen)

Erotik & Sex

Der durchschnittliche englische Fußballer erkennt nicht den Unterschied zwischen einer attraktiven Frau und einer Eckfahne.

(Italiens Torwart Walter Zenga reagierte auf die Aussage von Wimbledons Trainer Bobby Gould, der vorher gewitzelt hatte, seine Spieler hätten während der WM 1990 gerne die Telefonnummern der italienischen Spielerfrauen, während ihre Männer spielen müssen.)

Gegen einen Fußballer spielen zu müssen, der gar nicht vorhat, auch einmal anzugreifen, fühlt sich an wie Sex mit einem Baum.

(Jorge Valdano)

Dani sieht so gut aus, dass sein Gegenspieler Villa die ganze Zeit nicht wusste, ob er ihn bewachen oder bumsen soll.

(West Hams Manager Harry Redknapp über seinen portugiesischen Neuzugang Dani, 1996)

Ich hatte neulich einen Mädchenslip in meiner Post, aber er gefiel mir nicht. Um ehrlich zu sein: Er passte mir nicht.

(Jamie Redknapp, Spieler bei FC Liverpool)

Zeig mir einen Mann, der Fußball liebt, und in neun von zehn Fällen zeigst du auf einen Mann, der schlecht im Bett ist.

(Schriftstellerin Julie Burchill)

Erotik & Sex

Eingefleischte Fußballfans sind sehr viel optimistischer über ihren Sex Appeal, nachdem ihr Verein gewonnen hat.

(Dr. Miriam Stoppard vertritt die Theorie, dass Fußball den Hormonhaushalt verändern kann, 2002.)

Es braucht einiges, um mich zu erregen. Fragen Sie meine Frau.

(Sunderlands Trainer Roy Keane nach einem spektakulären Sieg gegen Tottenham, 2007)

Egal ob wir gegen Deutschland siegen oder nicht, ich werde danach sieben Tage nicht erreichbar sein. Ich muss dann mit meiner Frau schlafen.

(Brasiliens Nationaltrainer Luiz Felipe Scolari am Abend vor dem WM-Finale 2002)

Ein Heber, ein Heber! Ich liebe Heber … Jaaaaaa!

(Jörg Dahlmann, Sat.1-Kommentator, beim Spiel Odense gegen Stuttgart)

Ich bin sicher, dass Sex nicht so befriedigend ist wie ein Sieg in der Weltmeisterschaft. Nicht, dass Sex nicht gut wäre. Aber eine WM ist nur alle vier Jahre, und Sex ist öfter.

(Ronaldo)

Erotik & Sex

Die Spieler können Sex haben mit ihren Frauen und Freundinnen während der WM. Sie sind ja keine Marsmenschen. Aber sie sollten es nicht um 2 Uhr nachts tun, mit Champagner und Zigarren.

(Noch einmal Argentiniens Mannschaftsarzt Donato Vallani während der WM 2010 über die Entspannungsmöglichkeiten der Argentinischen Kicker)

Ich fand seine Pobacken sehr knackig. Hübsch und fest, keine Cellulite. Wenn irgendjemand sich von diesem Anblick belästigt gefühlt haben sollte, sollte er einen Arzt aufsuchen!

(Plymouth' Manager Ian Holloway, nachdem Manchester Citys Mittelfeldspieler Joey Barton den Fans seinen Hintern gezeigt hatte)

Für Charlotte. Ich habe dich am 28. Dezember gebumst. In Liebe, Wayne Rooney

(Widmung für die Prostituierte Charlotte, Glover, 2002.)

BBC-Moderator Michael Parkinson: **Wann hatten Sie einmal in kurzem zeitlichem Abstand zu einem Anstoß Sex?**
George Best: **Nun ... ich glaube, das war mal in einer Halbzeitpause.**

Erotik & Sex 103

Er liebte Sex, aber immer erst nachdem er die Fußball-
ergebnisse im Videotext gecheckt hatte.

(Eva Dijkstra, Fotomodell, über Englands Stürmer Les Ferdinand)

Wir spielen Orgien-Fußball: Das andere Team weiß, dass wir
es ihm besorgen, aber sie wissen nicht von wem und wo.

(Sam Hammam, Eigentümer von Cardiff City, 2006)

Als ich das erste Mal von Viagra hörte hielt ich das für einen
Neueinkauf des FC Chelsea.

(Tony Banks, britischer Sportminister und Chelsea-Fan, 1998)

Halten Sie sich zurück. Mit 30 ist Ihr Mann als Sportler am
Ende, aber immer noch ein Mann. Dann können Sie mit
ihm machen, was er will.

*(Trainerlegende Helenio Herrera an die Adresse der Spielerfrauen
seiner Mannschaft)*

KingERIC *Eric* CANTONA No.7

MANCHESTER UNITED FOOTBALL CLUB'S

» My best moment? I have a lot of good moments but the one I prefer is when I kicked the hooligan. «

Cantona is often regarded as having played a key role in the revival of Manchester United as a footballing force and he enjoys iconic status at the club.

Geheimnisse des Fußballs in einfachen Worten

Fußball ist dann am besten, wenn er besonders einfach scheint. Es gibt allerdings auch Ausnahmen, und zwar: Manchmal ist auch komplizierter Fußball sehr schön. Und manchmal ist einfacher Fußball strunzdumm. Strunzdummer Fußball kann wiederum trotzdem schön sein. Muss aber nicht.

Ich kenne nur eine Art, Elfmeter zu schießen: Verwandeln.

(Eric Cantona, 1995)

Einen Ball nach vorne zu schießen ist leichter, als einen Ball nach vorne zu tragen.

(Holger Stanislawski vermittelt Grundlegendes)

Sie essen gut und machen wenig Liebe.

(Pedro Troglio, Trainer der Argentinos Juniors, erläutert, warum seine Mannschaft so erfolgreich ist.)

Es ist besser, auf einer Seite durchzuverteidigen!

(Philipp Lahm)

Jungs wie Nova oder Poldi haben immer mal wieder auf der emotionalen Schiene versucht, mich zu überreden. Aber das war keine Option. Es geht mir um die sportliche Entwicklung.

(Patrick Helmes erläutert, weshalb er seine Karriere lieber beim VfL Wolfsburg versemmelt, statt zum 1. FC Köln zurückzukehren.)

Das ist mir heute Morgen im Bett durch den Kopf geschossen. Manchmal hat man im Bett die besten Einfälle.

(Trainer Dieter Hecking vom 1. FC Nürnberg nach einem 2:0 gegen den HSV zur Aufstellung des jungen Markus Mendler)

Harry ist sehr speziell. Es gibt keine langatmigen Ansprachen über Taktik, wie ich sie aus Madrid kannte. Da ist zwar eine Taktiktafel in der Umkleidekabine, aber Harry benutzt sie nie. Es ist sehr entspannt. Sein Assistent gibt uns die Aufstellung 20 Minuten bevor wir zum Warmmachen rausgehen. Und die einzigen Worte des Trainers sind: „Du spielst rechts oder links, arbeite hart, hab Spaß, zeig den Fans dein Bestes!" Dann erfahren die Abwehrspieler noch, wen sie bei Standards decken sollen, und das war's.

(Rafael van der Vaart über das Erfolgsrezept seines Trainers Harry Redknapp, nachdem Tottenham 2010 in seiner Champions League-Gruppe Inter Mailand hinter sich ließ)

> *Reporter:* Sie haben nach dem 0:3 auf die Uhr geschaut. Können Sie uns verraten, warum?
> *Ede Geyer (damals Trainer Energie Cottbus):* Ich guck' immer auf die Uhr.
> *Reporter:* Ja, warum denn?
> *Ede Geyer:* Ja, warum guckt man auf die Uhr? Um die Zeit abzulesen!

Wir greifen aber als ganze Mannschaft an, und da kann es manchmal sogar von Vorteil sein, wenn man etwas genauer gedeckt wird, weil sich dann woanders Löcher auftun. Man nimmt quasi am Spiel teil, indem man nicht teilnimmt.

(Nils Petersen, Stürmer bei Energie Cottbus, im Januar 2011)

Liverpool ist die unkomplizierteste Mannschaft der ganzen Welt. Wenn sie den Ball haben, rennen alle nach vorne, und wenn nicht, rennen alle nach hinten.

(Manchester City-Manager Joe Mercer beschreibt die Stärken des Ligakonkurrenten, 1973.)

Und der Gegner kann noch von Glück reden, dass sie überhaupt null hatten.

(Len Shackleton, Newcastle United, nach seinem Debüt mit 6 Toren bei einem 13:0-Sieg gegen Newport, 1955)

Wir sollten uns umbenennen in Coventry Houdini.

(Coventry Citys Zweiter Vorsitzender Mike McGinnity 1997 nach einer von vielen knappen Rettungen seines Vereins vor dem Abstieg)

Der Grund für unsere Zuverlässigkeit bei Elfmetern liegt darin begründet, dass wir unser Land zweimal wieder neu aufbauen mussten.

(Jürgen Klinsmann versucht die Erklärung eines Phänomens und scheitert knapp.)

Wenn du gerade nicht kapierst, was vor sich geht – wedele mit deinen Armen und tu so, als ob du es kapieren würdest.

(Gordon Strachan, Southamptons Manager auf die Frage, wie sich ein richtiger Manager verhalten muss)

Schimpfen und Toben im Fußball führt zu gar nichts. Wenn du gehört werden möchtest, sprich leise.

(Liverpools Trainer Bob Paisley, 1982)

Fehlpässe vermeiden wir am besten, indem wir keine mehr machen.

(Thomas Tuchel)

Wenn du oben stehst, dann schießt du noch das 2:1, und wenn du unten stehst, dann kriegst du noch einen rein. Warum das so ist, weiß ich auch nicht. Aber es ist so.

(Hans-Joachim Watzke)

Geheimnisse des Fußballs in einfachen Worten

Es ist eher so, dass Systeme von Spielern gemacht werden, und nicht so, dass Spieler Systeme machen!

(Theo Foley, irischer Manager)

Die Kunst für den Trainer besteht darin, Präsidenten und Vorstandsleute mitzutrainieren – sie dürfen es aber nicht merken.

(Otto Rehhagel)

Spieler verstehen nie, weshalb sie vom Platz genommen oder ausgewechselt werden. Bis sie selbst Trainer werden.

(Sir Bobby Robson)

Ein Derby ist ein Derby und umgekehrt.

(Mario Jardel erklärt die Paarung Benfica gegen Sporting Lissabon)

Fußball ist einfach: Du kommst entweder zu spät, oder du kommst rechtzeitig. Wenn du zu spät kommst, musst du eher loslaufen.

(Johan Cruyff)

Ich möchte mein Team lange Bälle und kurze Bälle spielen lassen. Ich glaube, lange und kurze Bälle sind alles, worauf es im Fußball ankommt.

(Sir Bobby Robson)

Fußball ist kein Spiel für Ballerinas.

*(Italiens Abwehr-Rauhbein Claudio Gentile nach dem Spiel Italien –
Argentinien bei der WM 1982, in dessen Verlauf er Diego Maradona
buchstäblich auseinandergenommen hatte)*

Der Heimvorteil ist ein Vorteil.

(Sir Bobby Robson)

**Es ist besser, zehn undisziplinierte Spieler auf dem Rasen
zu haben als zehn disziplinierte Dauerläufer.**

(Roberto Baggio)

**Du musst deinen Körper zwischen dich und den Ball
kriegen!**

(Eidur Gudjohnsen, isländischer Fußballstar)

Wenn du im Mittelfeld spielst, brauchst du Beine.

*(Steve Lomas, ehemaliger Profi in England und irischer
Nationaltrainer.)*

**Fußball ist eigentlich ganz einfach. Man muss nur seine
Kollegen verstehen.**

(Victor Agali, ehemals Schalke und Rostock)

Ich glaube absolut daran, dass wenn die anderen ein Tor geschossen haben, man selbst zwei Tore machen muss, um das Spiel noch zu gewinnen.

(Howard Wilkinson, ehemaliger Profi und Trainer in England)

Es wird immer viel geschrieben und viel erzählt und hochsterilisiert.

(Stefan Effenberg)

Gerhard Delling: Dass sich das Niveau nivelliert hat, dadurch wird das Niveau immer weiter nivelliert, oder?
Günter Netzer: Das Niveau wird weiter nivelliert, das ist genau unser Problem!

Was uns dieses Jahr einfach abgeht, ist, konstant gut zu spielen. Wir sind zwar konstant, aber inkonstant. Inkonstant konstant.

(David James, Manchester Citys Torwart, 2005)

Ich werde nicht über Spekulationen spekulieren.

(Tottenhams Manager David Pleat)

Es gab da ein Tumummel im Strafraum.

(Nürnbergs Julian Schieber erklärt eine undurchsichtige Torszene, 2010.)

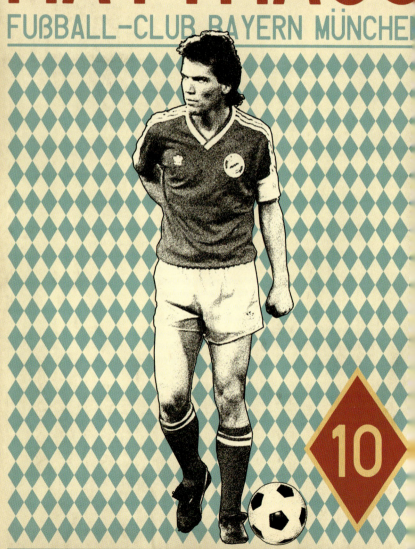

Erinnerungen

Was Fußball und die Vergangenheit angeht, so spielt uns da unser Gehirn gerne einmal einen Streich. Würden wir den Synapsen in unserem Kopf die Alleinherrschaft über unsere Fußball-Wahrnehmung überlassen, dann wären wir felsenfest davon überzeugt, dass früher die Trikots schöner waren, die Tore größer und die Lieblingsmannschaft viel erfolgreicher. Irgendwann jedenfalls mal. Die Wahrheit ist, dass es auch früher lausige Außenverteidiger, miese Schwalben und desaströse Heimspiele deiner Mannschaft gab. Früher war also nicht alles besser und auch nicht alles anders. Früher war alles früher.

Ich hatte mir als 18-Jähriger meinen ersten BMW gekauft und lieh ihn Lothar Matthäus. Am nächsten Tag kam Lothar wieder, ohne Auto.

(Armin Veh, HSV-Trainer, über die gemeinsame Profi-Zeit mit Lothar Matthäus in Mönchengladbach)

Armin Veh

Die 16-Jährigen in meiner Klasse wurden von den 18-Jährigen im Golf GTI abgeholt – da wurde ich als Mofafuzzi gar nicht beachtet.

(Jens Lehmann erklärt in seinem Buch Der Wahnsinn liegt auf dem Platz unter anderem, weshalb er so wurde, wie er ist.)

Ich war damals 20 Jahre und sehr nervös. Unser Medizinmann musste damals Cognac besorgen, und dann wurde mir der Cognac eingeflößt. Zumindest haben wir gewonnen.

(Karl-Heinz Rummenigges Erfolgsrezept vor dem Sieg im Europapokal 1976)

Diese WM ist ein exaktes Abbild des Zweiten Weltkriegs: Die Franzosen geben früh auf, die Amerikaner kommen erst spät, und an uns bleibt es hängen, uns mit den verdammten Deutschen zu messen!

(Ein unbekannter englischer Fan am Flughafen in Port Elizabeth vor dem WM-Achtelfinalspiel England – Deutschland bei der WM 2010)

Ich war das letzte Mal 1958 betrunken, da hatte ich ein paar Rhöntropfen zu viel genommen.

(Hans Meyer)

Diese Mannschaft finde ich faszinierend. Schon seitdem ich klein bin.

(Mesut Özil im Oktober 2009 über den FC Barcelona)

Wir vermissen die Maine Road, aber sie fehlt uns nicht.

(Kevin Keegan als Trainer von Manchester City, nachdem der Verein 2003 in ein neues Stadion umgezogen war)

Das letzte Mal, als Grimsby in der ersten Liga spielte, haben noch Dinosaurier die Erde durchstreift.

(Lennie Lawrence, Grimsbys Trainer, 2001)

Wohlgemerkt, ich war auch in den schlechten Zeiten hier. Einmal wurden wir Zweiter.

(Liverpool-Trainer Bob Paisley, 1979)

Jeder von uns war betrunken in der Nacht vor unserem Pokalfinale. Jeder einzelne von uns ist im Pub abgestürzt. Wahrscheinlich haben wir deshalb gewonnen. Deshalb, und weil ich nach einer Stunde wegen meines Katers ausgewechselt wurde.

(Alan Cork, Angreifer beim FC Wimbledon, erklärt den sensationellen Pokalsieg seiner Mannschaft 1988 gegen den FC Liverpool.)

Jeder hat heute seinen iPadpod oder wie die Dinger heißen. Das gab es früher nicht, da wollten wir einfach nur Fußball spielen.

(Mario Basler im Frühjahr 2011 in einem Interview mit dem Österreichischen Fußballmagazin „Ballesterer")

Früher haben wir ihn „Föhn" genannt, weil er sich oft Zentimeter vor deinem Gesicht aufgebaut hat, um dich dann anzuschreien.

(Gary Pallister, Verteidiger bei Manchester United, über seinen Trainer Alex Ferguson,1997)

In sechs Monaten hat er überhaupt nur zwei Worte zu mir gesagt: „Du bist gefeuert."

(Tomas Brolin, Leeds United, über das Ende seiner Zusammenarbeit mit Trainer George Graham)

Meine bleibende Erinnerung an ihn ist, dass ihm eigentlich immer die Nase lief.

(Bristol City-Torwart Dave Mogg über seinen Ex-Trainer Roy Hodgson)

Berti Vogts: Ich möchte zurückkehren in die Tage großer schottischer Stars wie Denis Law – davon träume ich!
Reporter: Wenn wir das Mittelfeld so anschauen …
Sie hätten sicher gerne auch einen Graeme Souness?
Berti Vogts: Ja, aber wir dürfen nicht ständig zurückschauen in die Vergangenheit!

(Dialog auf einer Pressekonferenz der schottischen Nationalelf 2003)

Erinnerungen 117

Ich werde mein erstes WM-Spiel für England niemals vergessen. Es war gegen die Türkei. Oder … nein, gegen Tunesien.

(David Seaman)

Ich hatte zwei Besessenheiten als Kind: Fußball und Ninja Turtles. Wir haben die Ninja-Bewegungen vor dem Fernseher nachgemacht, bis wir sie perfekt konnten, und falls jemand anders Raphael [einer der vier Ninja Turtles] sein wollte, habe ich mich so lange auf ihn gesetzt, bis er aufgab. Für mich war Raphael damals ungefähr so großartig wie Alan Shearer.

(Wayne Rooney)

Als ich auf das deutsche Tor zurannte, brüllte Alan Ball neben mir: „Hurty, Hursty, gib mir den Ball!" Ich sagte zu mir: „Leck mich, Bally – ich kann einen Hattrick machen!"

(Geoff Hurst über sein 4:2 im WM-Finale 1966 gegen Deutschland)

Im Jahr 1969 habe ich Alkohol und Frauen aufgegeben. Die schlimmsten 20 Minuten meines Lebens.

(George Best)

Wir haben über George Cohen immer gesagt: „Er hat mehr Fotografen wehgetan als Frank Sinatra!" Seine Flanken gingen eigentlich grundsätzlich in die Fotografen, wenn sie nicht gerade Zuschauer getroffen haben.

(Bobby Robson über seinen ehemaligen Mannschaftskameraden beim FC Fulham, den Ex-Nationalspieler George Cohen)

Ich habe Tommy Docherty mal gesagt, dass wir als Mannschaft mit fünf Bill Shanklys und fünf Tommy Dochertys plus Torwart die Welt beherrscht hätten. Tommy sagte: „Wenn es fünf Bill Shanklys und fünf Tommy Dochertys gegeben hätte, hätten die keinen Torwart gebraucht."

(Bill Shankly über seinen Nachfolger im Team von Preston North End)

Erinnerungen | | | 119

Eine Mannschaft aus elf Berti Vogts wäre unschlagbar!

(Kevin Keegan, nachdem er 1975 mit England gegen Deutschland und Vogts spielen musste)

Hans-Hubert Vogts

Meine bleibendste Erinnerung an ihn ist sein Passbild im Personalausweis: ein Panini-Sticker von sich selbst.

(Michael Duberry, Ex-Mitspieler von Mark Hughes beim FC Chelsea)

Mittlerweile jubeln die Leute schon, wenn der Stürmer eine Ecke herausholt. Wenn ich früher als Stürmer nur eine Ecke bekommen habe, hatte ich vorher meinen Job nicht gut gemacht.

(Sir Stanley Matthews, 1997)

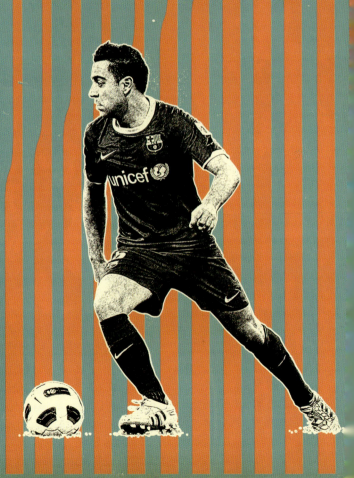

Pläne und Visionen

Fußballschaffende müssen zwei grundlegende Fähigkeiten besitzen: Sie müssen fähig sein, uferlos zu denken. Sie müssen dies aber auch mit einem Mindestmaß an Realismus verbinden können. Wie oft haben wir in den letzten Jahrzehnten diese berühmten Kampfansagen durchgeknallter, neurotischer Vereinsbosse gehört? „In spätestens drei Jahren wollen wir in der Champions League spielen!" Und ZACK, verliert man erstmal 0:3 zu Hause gegen Erkenschwick. So ist Fußball. Es ist wichtig, Träume und Ideen zu haben. Aus denen werden dann Pläne und Visionen. Und aus denen wird dann manchmal etwas Großes. Und manchmal auch gar nichts. Aber dann hat man es wenigstens versucht.

Wir sind jetzt schon größer und finanziell stabiler als der FC Barcelona. Wir können jeden Spieler überall auf der Welt für uns gewinnen.

(Douglas Hall, Newcastles Vizepräsident im Jahr 2001. Hat alles nicht so ganz geklappt.)

Ich würde mich auch freuen, wenn Messi kommt.

(Daniel van Buyten vom FC Bayern München auf die Frage, ob er das Kommen von Nationaltorhüter Manuel Neuer begrüßen würde)

Pläne und Visionen

Wir haben einen Langzeitplan für unseren Verein. Und abgesehen von den Resultaten geht es damit gut voran.

(Ernie Clay, Vorsitzender des FC Fulham 1980)

Ich möchte ein Team aufbauen, das absolut unbesiegbar ist. So dass sie am Ende ein Team vom Mars schicken müssen, um uns zu schlagen.

(Liverpools Manager Bill Shankly, 1971)

Unsere Taktik ist: Ausgleichen, bevor der Gegner ein Tor schießt.

(Nordirlands Kapitän Danny Blanchflower während der WM 1958)

Wenn ich tot bin, soll auf meinem Grabstein stehen: „Das hier ist immer noch besser als diese Nacht in Bratislava."

(Gordon Strachan, Manager von Celtic Glasgow, nach einer 0:5-Niederlage in der Champions League bei Artmedia Bratislava)

Wir hoffen, dass wir unsere schottischen Freunde auf dem Spielfeld gehörig überraschen können.

(Mart Tarmak, der Vizepräsident des estnischen Fußballverbandes, im Programmheft zum WM-Qualifikationsspiel Estland – Schottland. Estland trat zu diesem Spiel nicht an.)

Unser Vorbild ist Barcelona.

(HSV-Chef Bernd Hoffmann euphorisiert nach der Verpflichtung von Altstar Ruud van Nistelrooy.)

Wir sind nicht gekommen, um zu verlieren. Wir wollen hier sogar gewinnen, wenn Österreich mitmacht.

(Aserbaidschans Trainer Berti Vogts)

Ich werde der Letzte sein, der den WM-Pokal küssen wird, weil die Spieler ihn ja schließlich gewonnen haben. Ich habe ihn außerdem schon einmal geküsst.

(Diego Maradona macht sich vorsorgliche Gedanken am Vorabend des WM-Achtelfinalspiels 2010. Vielleicht küsst er doch besser einfach jemand anders.)

Mit einem 2:1-Sieg könnte ich leben, lieber wäre mir aber ein 2:0.

(Thomas Müllers bescheidene Träume vor einem CL-Spiel bei Inter Mailand. Wie ungewöhnlich.)

Wir haben 90 Minuten Zeit, und in denen können wir 15 Tore schießen!

(Inter Mailands Präsident Massimo Moratti 2008, nachdem Inter ein Champions League-Hinspiel in Liverpool mit 2:0 verloren hatte. Inter verlor das Rückspiel mit 0:1 und verpasste die Vorgabe des Präsidenten damit immerhin nur um 15 Tore.)

Wenn wir Champions League-Sieger werden, dürfen mich die Spieler für einen Tag duzen.

(Trainer Jupp Heynckes 2011 beim Start der Saisonvorbereitung des Rekordmeisters)

Wie kann man Rivaldo stoppen? Indem man ihn kauft am Tag, bevor man gegen ihn spielen muss.

(Arsène Wenger, Arsenal-Manager 1999)

Wir wollen nicht einfach nur den Europapokal gewinnen. Unser Ziel ist, ihn mit gutem Fußball zu gewinnen. So gutem Fußball, dass die neutralen Zuschauer froh sind, dass wir gewonnen haben, und sich später gerne erinnern, wie wir das getan haben.

(Jock Stein, Manager von Celtic Glasgow, vor dem siegreichen Europapokalfinale gegen Inter Mailand 1967)

Can we play you every week?

(Die Fans des FC Blackpool, eines krassen Außenseiters in der Premier League, nachdem das Team den FC Liverpool zum zweiten Mal innerhalb einer Saison sensationell geschlagen hatte)

Wir müssen uns auf Platz zwei konzentrieren. Aber im Fußball ist auch nichts unmöglich. Noch können wir 48 Punkte holen. Das ist auch möglich. Glaubt mir.

(Bayern Münchens Trainer Louis van Gaal. Es wurden dann noch 35 Punkte. Glaube ich.)

Im Jahr zuvor habe ich mit Hannover 96 in München 0:7 verloren. Das wollte ich nicht noch einmal erleben.

(Hanno Balitsch nach einem sehr viel knapperen 1:5 gegen die Bayern)

Pläne und Visionen | | | **125**

Neven Subotic, einer, der alle Titel geholt hat, gewinnt im Lotto und hört mit dem Fußball auf.

(Neven Subotic im „Kicker" auf die Frage, welche Schlagzeile er gerne über sich lesen würde)

Wir haben uns darauf verständigt, das M-Wort nicht zu benutzen. Aber wir wollen die Tabellenführung mit in die Sommerpause nehmen.

(BVB-Legende und Stadionsprecher Norbert Dickel zu den Zielen seines Vereins)

Rücktritt ist nur etwas für junge Menschen, die danach noch etwas anderes tun können.

(Sir Alex Ferguson an seinem 69. Geburtstag 2010 auf die Frage nach einem möglichen Rückzug ins Privatleben)

Wir wollen bis Weihnachten Punkt für Punkt rankommen, damit die anderen sich bei der Weihnachtsgans überlegen müssen, dass jedes Gramm, was sie zu viel essen, in der Rückrunde problematisch werden könnte.

(Karl-Heinz Rummenigge im Dezember 2010 zum 10-Punkte-Rückstand der Bayern auf Tabellenführer Dortmund)

Wir müssen hoffen, dass der BVB mal ein, zwei, drei, vier, fünf Spiele verliert.

(Bayern Münchens Stürmer Mario Gomez mit Blick auf einen 14-Punkte-Rückstand auf Borussia Dortmund nach 13 Spieltagen in der Saison 2010/11)

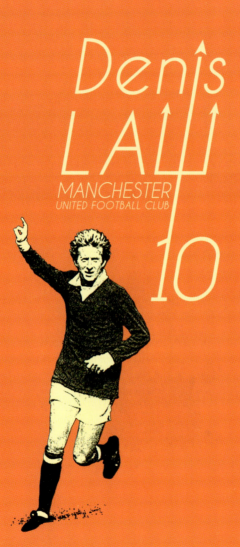

Denis Law
MANCHESTER
UNITED FOOTBALL CLUB
10

"THE KING" Born in Scotland in 1940 Denis Law was one of Manchester United's greatest ever players. Making a total of 398 appearances and scoring 237 goals for the Reds he won two League titles, the FA Cup and was crowned as European Footballer of the Year.

Verbotene Dinge

Wenn im Fußball nie etwas Verbotenes passieren täte, würde unsere Faszination an diesem Sport erheblichen Schaden nehmen. Es gäbe keine Platzverweise, keine Elfmeter, ständig brave Fans ... und der blöde Mittelstürmer des Angstgegners hätte nie einen Kreuzbandriss. Kurz: Das Spiel wäre so etwas wie entkoffeinierter Espresso. Und es wäre auch gegen die Natur des Fußballers an sich, denn der hat eine geheime Neigung zu verbotenen Dingen. Die Größten der Großen waren nicht nur filigran in Kurzpass, Spielverständnis und Standardsituationen, sondern auch in Vielweiberei, Fahrerflucht und illegalen Pokerexzessen. Einen kleinen Einblick geben diese Aussagen aus berufenem Munde.

Um 6:45 Uhr wurden die Millwall-Anhänger von einer Polizeieskorte zum Stadion geleitet. Als sie eine Gastwirtschaft passierten, stürmte eine Gruppe aus 30–40 Männern aus dem Haus. Flaschen und Gläser wurden geworfen und Fensterscheiben zerschlagen. Nach einer Weile wurde ersichtlich, dass beide Gruppierungen aus Millwall kamen und sich gegenseitig für Anhänger von Bristol City hielten.

(Polizeibericht nach einem Spiel in Bristol, 2001)

Die Geschichte von ZSKA in der Champions League ist sehr positiv.

(Inter-Coach Jose Mourinho vor einem Spiel gegen Moskau, die kurz zuvor gegen Doping-Gerüchte zu kämpfen hatten)

In Leverkusen wird jeder eingesperrt, der eine Vuvuzela ins Stadion mitbringt.

(Leverkusens Sportchef Rudi Völler unter dem Schock der ersten akustischen Eindrücke der WM 2010 in Südafrika)

Ich kann mich nur für diesen Vollhonk entschuldigen.

(St. Paulis Trainer Holger Stanislawski nach dem Spielabbruch aufgrund eines Bierbecherwurfs gegen Schalke 04)

FUNDSACHE

Wir müssen sehen, dass wir zwei aus ihm machen.

(Armin Veh über Zé Roberto)

Wie weit sind wir in der Welt gekommen, wenn du eine Rote Karte und ein halbes Monatsgehalt Strafe bekommst, bloß weil du einen erwachsenen Mann als „Wichser" bezeichnet hast?

(Paul Gascoigne)

Das einzige bedeutende Kopfballtor seiner Karriere hat er mit der Hand erzielt.

(Pelé über Diego Maradona)

Mein nächster Gast hat sich absolut jeden Kindheitstraum erfüllt: Er gewann das Double, er war Kapitän der englischen Nationalelf, und er hat ein Auto mit hoher Geschwindigkeit gegen eine Mauer gefahren. Meine Damen und Herren, Tony Adams!

(Sanjeev Bhaskar, englischer Fernsehkomiker, 2003)

Anatomie & Aussehen

Einerseits macht Fußball sexy und begehrenswert. Andererseits macht Fußball dicke Oberschenkel und im schlimmeren Fall Beine wie die von Littbarski. Sehr viele Fußballer sind ungemein gut aussehend, aber es gibt eben auch Puyol, Schwarzenbeck und Hrubesch. Grund genug, sich über die Optik unserer Lieblinge einmal umfassend Gedanken zu machen.

Der könnte in der Straßenbahnschiene schlafen, wenn er keine abstehenden Ohren hätte.

(Max Merkel über Bayerns schmächtigen Neuzugang Bernardo aus Brasilien)

Wenn er über den Rasen läuft, kitzelt ihn das Gras am Hintern.

(Max Merkel über Dariusz Wosz)

Dann, mit diesem Riesenoberschenkel, haut der den Ball rein, der Bordón! Marcello José Bordón! Und da zuppelt er an seinem Oberschenkel, schauen Sie sich das mal an! Der Schenkel – was sind das aber auch stramme Schenkel, ohhhhh!

(Reporter Jörg Dahlmann)

132 ||| **Anatomie & Aussehen**

Gary Lineker

Er hat eine Menge Gesicht.

(Gary Lineker auf die Frage, ob er Sven Göran Eriksson beschreiben könne)

Ich werde mich nach einem Torwart mit drei Beinen umschauen.

(Newcastles Trainer Bobby Robson, nachdem sein Torwart Shay Given 2002 in einem Spiel gegen Ipswich zweimal getunnelt wurde)

Er hat seine Beine wieder, oder besser gesagt sein Bein. Er hatte immer schon eins, aber nun hat er zwei!

(Sir Bobby Robson über die Rückkehr eines verletzten Spielers)

Von dem Gesicht, das Roman nach dem Spiel gemacht hat, will man auch kein Poster haben.

(Jürgen Klopp über seinen Torwart Roman Weidenfeller)

Steve McClaren wird ein Paar scharfer, umsichtiger Schultern zum Zuhören haben.

(David Platt, ehemaliger England-Star)

Naja, der eine ist größer, der andere kleiner!

(Bastian Schweinsteiger zu den Unterschieden der Nationalelf-Kapitäns-Bewerber Michael Ballack und Philipp Lahm)

Shaun Wright Phillips hat ein sehr großes Herz! So groß wie er selbst. Gut, er selbst ist nicht besonders groß. Aber sein Herz ist größer!

(Kevin Keegan)

Ich liebe die Stadt Blackpool. Wir haben etwas Entscheidendes gemeinsam: Wir sehen im Dunkeln besser aus.

(Blackpool-Boss Ian Holloway)

Er hatte einen großen Mund. Das Einzige an ihm, was groß war.

(Nachtklub-Stripperin Liz Traill über Liverpools Star Jamie Carragher, nachdem der sich auf der Weihnachtsfeier seines Vereins 1998 ausgezogen hatte)

Anatomie & Aussehen

Bobby Robson

Gary Speed können wir nicht ersetzen. Wo bekommst du einen erfahrenen Spieler wie ihn, der einen linken Fuß und einen Kopf hat?

(Sir Bobby Robson)

Sky-Sports-Moderator Richard Keys zu Rio Ferdinand:
Gibt es etwas, was Sie über Robbie Fowler gelernt haben und was möglicherweise niemans von uns bisher weiß?
Antwort von Rio Ferdinand: Ja: Wenn du seine Ohren aus der Nähe siehst, sind sie sehr klein!

Anatomie & Aussehen | | | 135

Der beste einfüßige Spieler seit Puskas!

(Sir Stanley Matthews über Diego Maradona, 1986)

Sein linker Fuß ist wie eine Hand.

(Ossie Ardiles, ehemaler argentinischer Fußballstar, 1994)

Die Schulkinder fragten mich Sachen wie „Wie groß sind Gazzas Eier?"

(Fußball-Raubein Vinnie Jones 1996 nach einem Besuch im Eton College. Jones erregte Aufsehen, als er bei einem Spiel gegen Gascoigne kräftig in dessen Unterleib griff.)

Er ist ein Koloss. Kommt mit raus und ich lasse euch eine Runde um ihn herum spazierengehen.

(Liverpools Manager Bill Shankly nach der Verpflichtung des bulligen Ron Yeats)

FUNDSACHE

Aco Stojkov
Geburtsdatum: 29. April 1983
Nationalität: Mazedonien
Position: Angriff
Grösse: 77 cm
Gewicht: 70 kg
Vereine: Inter Mailand Nachwuchs (200(
(01-03), Gornik Zabrze (03/04), Castel d
Fidelis Andria (04/05), AA La Louvière ((
Belgrad (Juli 06 – Januar 07), Debrecen
Juni 08), Nyiregyhaza (seit 2008)

© Archiv A. Zeigler/VG Bild-Kunst

Vorhersagen

Dieses Thema unterscheidet Fußball-Enthusiasten maßgeblich von den Liebhabern guter Musik oder des Theaters. Kein Musikkenner wird jemals Freude daran haben, mit Gleichgesinnten zu spekulieren, wie ein Song wohl weitergehen könnte. Kein Theaterconnaisseur rottet sich in der Pause einer Aufführung mit Kumpanen zusammen, um großmäulig zu schwadronieren, er kenne den Ausgang des Stückes JETZT SCHON! Der Fußball ist da aus anderem Holz gestrickt, wie im Zweifel Lothar Matthäus sagen würde. Beim Fußball dreht sich immer alles um Blicke in die Zukunft: Wie geht Spiel „X" aus, wann wird Trainer „Y" entlassen, wo landet Verein „Z"? Auch die Protagonisten auf dem Rasen oder in den Kommandozentralen der Vereine begeistern regelmäßig durch Blicke in eine Glaskugel aus Leder.

Niemals in der Geschichte des FAI-Cups verlor ein Team in quergestreiften Trikots ein Finale in einem Jahr, das mit fünf endete.

(Notiz aus dem Stadionprogramm des irischen Vereins Home Farm. Der FAI-Cup ist der wichtigste irische Pokalwettbewerb.)

Mit diesem tollen Spiel über Holland, glaube ich, haben wir eine Wolke des Erfolges hoffentlich erwischt, die uns über die gesamte Europameisterschaft trägt.

(Berti Vogts nach dem EM-Auftakt 2004. Die alsbald auftauchenden Wolken waren leider keine Wolken des Erfolges.)

Eines Tages wird irgendein armes Team für unsere heute vergebenen Chancen bezahlen. Die Tore werden fallen.

(Feldherr Jose Mourinho schwadroniert über Fußball-Karma)

Es kommt immer der ins Finale, der das Halbfinale gewinnt.

(Otto Rehhagel als Trainer der Griechen vor dem EM-Halbfinale 2004)

Bei einem Sieg bricht hier in Hannover die Euphorie aus, bei einer Niederlage bricht das Gegenteil aus.

(Kostas Konstantinidis, ehemals Hannover 96)

Wenn wir jedes Spiel so spielen wie heute, wird es nicht ganz reichen für die Liga.

(Schalke-Trainer Felix Magath nach dem 0:5 beim 1. FC Kaiserslautern)

Ja, wer denn sonst?

(Felix Magath auf die Reporterfrage, ob er auch in der kommenden Saison Schalke 04 trainieren werde. Korrekte Antwort auf die Frage: Ralf Rangnick.)

Es tut mir leid Kloppo, aber ich muss dir leider zur Meisterschaft gratulieren.

(Hannovers Trainer Mirko Slomka nach dem 1:4 seines Teams im Spitzenspiel bei Borussia Dortmund)

Wahrscheinlich schafft ihr die Champions League. Alles andere wäre eine Überraschung!

(Der verbale Konter des BVB-Trainers in Richtung Slomka)

Als der sich im Ohr gebohrt und überlegt hat, was er sagen will, war klar wie Kloßbrühe, dass er gegen mich stänkert.

(Tim Wiese gilt als führender Experte für Jens Lehmanns Körpersprache. Lehmann hatte in seiner Funktion als Sky-Experte Wiese nach einem Gegentor kritisiert.)

Unter normalen Umständen ist Schalke kein Problem für uns.

(Inters Dejan Stankovic vor dem CL-Rückspiel gegen Schalke 04 2011. Schalke siegte insgesamt mit 5:2 und 2:1.)

Wir sind Siebter, und es wäre dumm, wenn wir nicht versuchen würden, Fünfter zu werden. Absteigen können wir nicht mehr. Wir müssen die Gunst der Stunde nutzen.

(Heribert Bruchhagen zur Situation von Eintracht Frankfurt in der Winterpause. Fünf Monate später war Frankfurt abgestiegen, was im Nachhinein als ziemlich eklatante Nicht-Nutzung der Gunst der Stunde angesehen werden muss)

Der Pokalwettbewerb bewegt so viele Menschen. Es wird auch heute wieder so sein, dass nach dem Schlusspfiff Spieler, von denen man nie zuvor gehört hat, plötzlich einen Namen haben, den man nicht vergisst. Wie dieser Bursche, der letzte Saison für Sutton United gegen Coventry getroffen hat.

(Chelseas Trainer Bobby Campbell im Stadionheft 1990 vor einem Pokalspiel)

Dies ist für mich ganz bestimmt meine vielleicht letzte WM.

(Ray Wilkins, England, 1986)

Nie, nie, nie, nie. Nichts, nie, nie, nie, nicht jetzt. Niemals!

(Real Madrids Präsident Florentino Perez bestreitet Interesse an einer Verpflichtung von David Beckham, 2003. Wenige Tage später unterschrieb Beckham bei Real.)

Zidane und Vieira? Das sind doch nur Namen! Ich glaube fest daran, dass wir gewinnen können!

(Berti Vogts vor seinem Debüt als Schottlands Nationaltrainer gegen Frankreich. Die Franzosen gewannen 5:0.)

Ich kann ja mal Klaus Allofs fragen, ob er zu uns kommen würde. Aber er ist ja vernünftig, er wird das nicht tun.

(Hannover 96-Boss Martin Kind, angesprochen auf den hohen Verschleiß an Trainern und Managern seines Vereins)

Dortmund wird verdient deutscher Meister, aber am 1. Juli werden die Uhren wieder auf null gestellt – und dann geht es wieder von vorne los.

(Karl-Heinz Rummenigge)

Ich glaube, Wigan kann West Ham höher schlagen als nur 1:0. Vielleicht 2:1 oder sogar 3:2!

(Mark Saggers, Radiokommentator bei TalkSport)

Tore werden immer gebraucht. Es wird immer einen Markt geben für einen Stürmer, der schnell ist, stark ist und regelmäßig trifft.

(Ronaldo)

Es wird ein Spiel geben, in dem Brasilien auf jemanden trifft, der mehr Tore schießt als sie. Und das könnte dann das Spiel sein, das Brasilien verliert.

(Sir Bobby Robson)

Ich mache keine Versprechungen. Ich verspreche Resultate!

(Joe Royle, ehemaliger Manager u. a. bei Manchester City und Everton)

Dadurch dass er gerade verletzt ist, kann er sich wenigstens nicht noch einmal verletzen.

(Terry Venables)

Wer weiß, was die Zukunft bringen wird? Das wird erst in der Zukunft entschieden.

(Brian Flynn, Co-Trainer der walisischen Nationalelf)

Der FC Chelsea muss als Nächstes gegen Tottenham, Manchester United und Chelsea ran.

(Paul Merson, Ex-Arsenal-Star und TV-Experte)

Die Uhr von Blatter und seiner Combo tickt.

(Uli Hoeneß, düster)

Ich werde nie, nie wieder in England spielen, selbst wenn man mir dafür alles Geld der Welt böte.

(Ossie Ardiles, argentinischer Star von Tottenham Hotspur, nach dem Ausbruch des Falkland-Krieges im Juni 1982)

Ich kann es nicht erwarten, endlich wieder zurück zu sein. Jede Nacht vor dem Einschlafen träume ich von Wembley.

(Ossie Ardiles im Dezember 1982. Er spielte später noch in Blackburn, bei den Queens Park Rangers und Swindon.)

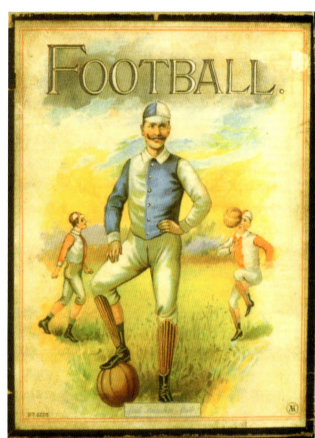

Metaphern & Gleichnisse

Metaphern und Gleichnisse sind die Tiermalbücher unter den Fußballzitaten. Und weil der Autor dieses Buches zu Recht als der „Hans-Peter Briegel der Zitatesammler" gilt, gibt es im Folgenden ein Kapitel wie ein Seitfallzieher.

Jeder Spieler ist auf seine Art ein Genie, aber es gibt nur einen van Gogh, und es ist niemand wie Totti!

(Giovanni Trapattoni)

Die Steine, die sich uns in den Weg stellen, mit denen werden wir am Ende den Weg zum Klassenerhalt pflastern.

(St. Paulis Verteidiger Ralph Gunesch zeigt einen Hang zur Poesie, steigt aber danach dennoch ab.)

Wir haben die Schleusen geöffnet, das ist in München tödlich.

(HSV-Sportchef Bastian Reinhardt nach einem 0:6 gegen Bayern)

Metaphern & Gleichnisse

Wir haben eine vernünftige Hinrunde gespielt, sind nicht enttäuscht, laufen aber auch keine Polonaise über die Haupttribüne.

(Fazit von St. Paulis Trainer Holger Stanislawski zur Winterpause)

Wir müssen warten, bis andere die Äpfel vom Baum geschüttelt haben, und dann müssen wir uns eine Position sichern, die uns erlaubt, ganz schnell zu reagieren und die Äpfel vom Boden aufzulesen.

(Stoke City-Boss Tony Pulis erklärt anschaulich die Regeln des Transfermarktes für die etwas kleineren Vereine.)

Ich freue mich für Paul, aber es fühlt sich ein wenig an als würdest du deiner Schwiegermutter dabei zuschauen, wie sie in deinem neuen Auto einen Abgrund hinunterfährt.

(Tottenham-Manager Terry Venables über den Wechsel seines Stars Paul Gascoigne nach Italien)

Wenn ein Aufstieg mit Swindon und ein elfter Platz mit Chelsea jemanden dazu befähigen, England als National-trainer in ein Turnier gegen Deutschland, Argentinien und Frankreich zu führen, dann kann auch jeder, der ein Papier-flugzeug falten kann, Pilot eines Jumbo Jets werden.

(Brian Clough über Glenn Hoddle, kurzzeitig Englands Nationaltrainer)

Man muss kein Pferd gewesen sein, um ein guter Jockey zu sein.

(Liverpools Trainer Gerard Houllier über seine bescheidene Spielerkarriere)

Metaphern & Gleichnisse

Ein Gehirnchirurg sollte nicht mit Bauern arbeiten müssen.

*(Stale Solbakken, Spieler beim FC Wimbledon, im Jahr 2000
zur Entlassung seines Trainers Morten Olsen)*

Fußball-Management heutzutage ist wie ein Atomkrieg: Es gibt keine Gewinner, nur Überlebende.

(Tommy Docherty, 1992)

Es fühlt sich an als befände man sich in der Mitte eines Ofens.

(Millwalls Manager Bob Pearson 1990 nach einer langen Negativserie)

Es hat sich angefühlt wie sechs Stunden auf einem Zahnarztstuhl.

*(Leeds Uniteds -rainer Howard Wilkinson nach einem turbulenten Spiel
gegen Leicester, 1990)*

Ich fühle mich vergewaltigt.

(Walsalls Trainer Ray Graydon nach einem 1:4 in Crewe)

Der Job von Fußballprofis und Prostituierten ist es, ihre Körper zum Vergnügen von Fremden zu ruinieren.

(Merle Kessler, US-Fußballspielerin)

Ich musste einfach gehen. Zum Ende hin habe ich mich gefühlt wie ein Truthahn, der auf Weihnachten wartet.

*(Frank Clark nach seinem Rücktritt als Manager von Nottingham Forest
1996)*

Metaphern & Gleichnisse

Es ist viel einfacher, ein Bild zu zerreißen, als eines zu malen. Ich habe meine ganze Karriere damit verbracht, Bilder zu zerreißen. Ich kann den Ball hoch unters Tribünendach ballern, und die Leute sagen: „Oh, großartige Verteidigung!"

(Richard Gough, 1999 Kapitän beim FC Everton)

In der ersten Halbzeit hatten die Gladbacher Blei im Kopf.

(WDR-Hörfunkreporterin Sabine Töpperwien, beim Spiel Gladbach-Freiburg am 33. Spieltag der Saison 2010/2011)

Ein großartiger Pianist rennt nicht um sein Klavier oder macht Kraftübungen mit seinen Fingerspitzen. Um großartig zu bleiben, spielt er immer wieder Klavier. Ein großer Fußballer zu sein hat nichts mit Rennen, Liegestützen oder anderen Kraftübungen zu tun. Die beste Möglichkeit, ein großer Fußballer zu werden ist, Fußball zu spielen.

(José Mourinho)

Mit Fußballspielern ist es wie mit Rennwagen. Alkohol trinken vor einem Spiel ist genauso dumm wie Diesel zu tanken vor einem Rennen.

(Gerard Houllier)

Es war ein Fehler, groß wie ein Haus.

(Kolumbiens legendärer Torwart René Higuita nach seinem berühmten Fauxpas im WM-Spiel gegen Kamerun 1990, der Roger Milla zum Toreschießen einlud und das Spiel mit entschied.)

Metaphern & Gleichnisse

Profifußball und Amateurfußball haben so viel gemeinsam wie ein Erdbeer-Milchshake und ein Wolkenkratzer.

(Toni Schumacher)

Du kannst englischen Fußball nicht mit deutschem Fußball vergleichen. Das ist wie Omelette und Müsli.

(Erik Meijer bei seinem Wechsel von Liverpool nach Hamburg, 2000)

Die Mauer, die wir vor Bochums Freistoßtor gebildet haben, sah aus wie von Andy Warhol gebaut.

(Uli Hoeness im Jahr 2001 nach einem glücklichen 3:2-Heimsieg gegen den VfL Bochum)

Was ihr Fußball nennt, ist für uns dasselbe wie Cricket.

(US-Sänger Andy Williams, 2002)

Der Ball ist besoffen, macht, was er will. Der ist hyperaktiv, man müsste ihm eine Beruhigungsspritze geben. Klar kann man sich auch an den Ball gewöhnen. Wenn deine Frau drei- bis viermal in der Woche besoffen ist, gewöhnst du dich auch irgendwann.

(Stuttgarts Verteidiger Khalid Boularouz über den neuen, einheitlichen Ligaball Torfabrik)

Wenn man sich zwischen Kahn und Lehmann entscheiden muss, ist das ungefähr so, als wenn man sich von der Jakob-Sisters die beste raussuchen soll.

(Atze Schröder)

Andere Länder, andere Sitten

Vor einigen Jahren schon begann man damit, in Deutschland über den zunehmenden Anteil von Ausländern in den Profimannschaften zu diskutieren. Eine letztlich völlig sinnlose Diskussion, weil inzwischen klar ist, dass in den ausländischen Ligen weiterhin noch mehr Ausländer spielen. In Finnland zum Beispiel spielen sehr viele Finnen. Das ist aber nicht so schlimm wie früher angenommen, denn die ausländischen Stars sorgen auch immer dafür, dass wir die Fußballwelt mit anderen Augen sehen und Einblicke in fremde Kulturen bekommen, die uns sonst nie begegnet wären. Zum Beispiel Finnland.

Ich rufe die Franzosen hiermit auf, mehr Kinder zu zeugen. Dann werden wir in 20 Jahren auch wieder gute Spieler haben.

(Michel Platini)

In Deutschland läuft der Karneval anders, als ich ihn kenne. Hier ziehen sich alle komisch an – in Brasilien immer alle aus.

(Ailton während seiner Zeit beim KFC Uerdingen über Karneval in Krefeld)

Andere Länder, andere Sitten

Als wir Meister wurden, gab es eine Riesenfeier, aber zuerst wurde in der Kabine der Jungfrau von Guadalupe gedankt.

(Uwe Wolf, ehemaliger 1860-Coach, über Fußballbräuche in seiner späteren fußballerischen Heimat Mexiko)

Mit der Sprache werde ich keine großen Probleme haben. Ich kann ja auch kein vernünftiges Englisch.

(Paul Gascoigne über seinen Wechsel zu Lazio Rom, 1992)

Es war unglaublich, als ich in Chelseas Umkleidekabine ging, um mein Trikot zu tauschen. Die ist größer als mein Haus.

(Dickson Etuhu, Mittelfeldspieler von Norwich City, nach einer Pokalniederlage beim FC Chelsea 2007)

Andere Länder, andere Sitten

In Südafrika ist es saukalt und um fünf Uhr dunkel. Man muss sich von der Vorstellung verabschieden, dass es da warm ist und an jeder Ecke ein Leopard sitzt.

(Franz Beckenbauer klärt vor der WM 2010 die Fußballwelt auf.)

In meiner Nachbarschaft verliert man die Beine, wenn man so etwas tut.

(Carlos Tevez über den in der englischen Presse als Fremdgänger geouteten John Terry)

Das konnte ich hier mit Karel Brückner beobachten, der hat hier jedem noch mal in die Augen geschaut und geschüttelt.

(Waldemar Hartmann über den tschechischen Nationaltrainer und dessen seltsame Motivationsmaßnahmen)

In Spanien gibt's für eine Niederlage drei Gründe: Entweder war der Wind zu stark oder die Sonne zu heiß – oder die gestifteten Kerzen in der Kirche waren zu kurz.

(Max Merkel)

Max Merkel (1918–2006)

Andere Länder, andere Sitten

Es scheint hier immer schon um halb vier dunkel zu werden. Es gibt keine Sprachschule, kein Fitnesscenter. Und wenn du shoppen gehen willst, gibt es nirgendwo etwas, was du kaufen möchtest. Wenn ich sehe, wie die Menschen hier leben, merke ich erst richtig, wie viel Glück ich habe.

(Stephane Henchoz, schweizerischer Abwehrspieler, nach seinem Abschied von den Blackburn Rovers)

Die Griechen sind ja natürlich so übertrieben – wenn wir einmal gewinnen, dann wollen die gleich Europameister werden, und wenn wir zweimal verlieren, dann wollen sich alle ins Meer stürzen. Aus der Antike kommt das.

(Griechenlands Trainer Otto Rehhagel vor dem griechischen EM-Triumph 2004)

Die Schweden sind nicht mehr die Schweden wie früher, und die Holländer jetzt im negativen Sinne auch nicht.

(Béla Réthy, messerscharf)

Die Ghanaer kochen, wenn überhaupt, auch nur mit Wasser.

(Olaf Thon ist sich nicht sicher, ob man in Ghana überhaupt kocht.)

Die Letten, sind das auch Russen, oder sind das Letten, nicht wahr?

(Otto Rehhagel)

Spanien wäre ein schönes Land, wenn nicht so viele Spanier dort leben würden.

(Max Merkel)

Offensichtlich gibt es eine Sprachbarriere. Die meisten Burschen sprechen italienisch, aber ein paar von ihnen eben nicht.

(Dennis Wise, Kapitän des FC Chelsea, im Jahr 2000 über seine Teamkollegen)

Ich verstehe gar nichts, wenn sich Rio Ferdinand und Frank Lampard unterhalten. Sie sprechen Cocknik.

(Eyal Berkovic, israelischer Mittelfeldspieler bei West Ham United, 1999)

Liverpool hat den englischen Pokal vor ein paar Jahren mit einer Mannschaft aus elf Ausländern gewonnen, unter anderem mit Schotten, Walisern und Iren. Jetzt haben wir Spanier, Franzosen und Italiener. Die sprechen im Vergleich dazu besser englisch, sind zivilisierter und wissen, wie man mit Messer und Gabel isst.

(Chelseas Vorsitzender Ken Bates über den steigenden Zustrom ausländischer Profis, 2000)

> *Reporter:* **Was sind Ihre Eindrücke von Afrika?**
> *Gordon Lee:* **Afrika? Wir sind hier nicht im verdammten Afrika, nicht wahr?**
>
> *(Evertons Manager Gordon Lee 1978 in einem Interview in Marokko.)*

Es gab drei Nationen, deren Anwesenheit bei dieser WM uns logistische Probleme und Sicherheitsprobleme verursacht hätte, und wir sind froh dass sich alle drei nicht qualifizieren konnten: Irak, Iran und England.

(Alan Rothenberg, Vorsitzender des US World Cup-Komitees 1994)

Sie essen Würstchen und Eier zum Frühstück, fahren auf der linken Seite, spielen Baseball mit einem Paddel, legen feste Zeiten für Alkoholkonsum fest und halten sich für die Besten.

(Die portugiesische Zeitung „24 Horas" stellt vor dem EM-Viertelfinale Portugal – England 2004 die Eigenheiten des Gegners vor.)

Ich bin lustig zu spielen in Deutschland.

(Chong Tese, VfL Bochum)

Andere Länder, andere Sitten

Es war heiß in Ägypten, und es gab dort viele Ägypter.

(Bulgariens Verbandspräsident Ivan Slavkov beschreibt seine Eindrücke nach einem Spiel Bulgariens in Ägypten.)

Die Weißen verstehen es, im Leben erfolgreich zu sein. Wir dagegen sind geschickt, aber eher träge.

(Südafrikas WM-Held Siphiwe Tshabalala)

Nach und nach werden wir den Amerikanern beibringen müssen, dass Fußball das beste Spiel der Welt ist.

(Johan Cruyff)

Ungarn ist Bulgarien sehr ähnlich, obwohl ich weiß, dass es unterschiedliche Länder sind.

(Kevin Keegan)

Ich habe das Gefühl, England ist nicht mehr das Mutterland des Fußballs, sondern eher das Großmutterland.

(Toni Schumacher)

Mathematik & Rechenexempel

Drei von fünf Fußballern, also knapp über 40 Prozent, sollen dem Vernehmen nach ein gestörtes Verhältnis zu Mathematik haben. Möglicherweise sind es aber auch nur drei Viertel. Sie können im nun Folgenden bestimmt voneinander lernen.

Wir sind immer noch Tabellenführer der letzten vier Mannschaften.

(Freiburgs Trainer Robin Dutt mit einer exotischen Zwischenbilanz)

Uns gehörten 99 Prozent des Spiels. Es waren die anderen drei Prozent, die uns den Sieg gekostet haben.

(Ruud Gullitt)

Wir können es uns nicht erlauben, mit zehn oder zehneinhalb Leuten anzutreten.

(Dariusz Wosz erklärt vor einem Spiel gegen Hannover 96, weshalb seine Mannschaft von Beginn an zu elft spielen wird.)

Wir haben mehr als eine Nullchance.

(Jens Lehmann vor einem CL-Spiel gegen den FC Barcelona. Viel mehr wurde es dann aber doch nicht.)

Die Hälfte der Karten habe ich.

(Miroslav Klose vor einem EM-Qualifikationsspiel in seiner alten Heimat Kaiserslautern)

Mathematik & Rechenexempel

2014 brauche ich gar nicht mehr anzutreten.

(Miroslav Klose über die Tatsache, dass er 2002 im ersten Spiel drei, 2006 zwei und 2010 ein Tor geschossen hat)

Mit jedem Spiel, das du nicht gewinnst, steigt die Wahrscheinlichkeit, dass du irgendwann mal wieder eins gewinnst.

(Ralf Rangnick. Nach dieser Logik müsste eine Mannschaft nach, sagen wir mal, 450 Niederlagen hintereinander eine Mords-Siegchance besitzen.)

Sieben der letzten acht Spiele gewonnen – besser geht es einfach nicht!

(Harry Redknapp)

Ich mache jetzt einfach mal die 1-17-Formel auf: Bis auf Dortmund sind alle in der Liga schlagbar.

(Pierre Littbarski, damals Trainer der VfL Wolfsburg, am 3. März 2011. Diese Formel beinhaltet allerdings, dass Wolfsburg sich auch selbst schlagen kann.)

Wir haben sieben Spiele mit 1:0 verloren und siebenmal 0:0 gespielt. Hätten wir bei allen 1:0-Niederlagen stattdessen ein Unentschieden geschafft, hätten wir sieben Punkte mehr. Hätten wir dann noch alle 0:0-Spiele stattdessen 1:0 gewonnen, dann hätte wir 28 Punkte mehr und wären Dritter, statt abzusteigen.

(Crystal Palace-Manager Alan Smith 1995)

Mathematik & Rechenexempel

Fünf Prozent von mir sind enttäuscht, aber die anderen fünfzig Prozent sind einfach nur froh, dass wir uns qualifiziert haben.

(Michael Owen erklärt seine Gefühle, nachdem England sich bei der Euro 2004 nur als Gruppenzweiter für die nächste Runde qualifiziert hat.)

Das einzig Bemerkenswerte am Spiel Port Vale gegen Hereford am Montag war die Tatsache, dass die Zuschauerzahl 2 744 sich auch aus der Potenz 14 hoch 3 ergibt.

(Leserbrief eines desillusionierten Fans an die in Stoke-On-Trent erscheinende Zeitung „The Sentinel", 1979)

Je länger man auswärts nicht gewonnen hat, desto größer wird die Wahrscheinlichkeit, wieder ein Auswärtsspiel zu gewinnen.

(Uwe Neuhaus)

Gary Lineker hat nun schon 37 Tore geschossen. Exakt doppelt so viele wie letztes Jahr!

(BBC-Kommentator John Motson)

13

-Johan Segon-

HOLLAND & BARCELONA

Johannes Jacobus "Johan" Neeskens (born 15 September 1951 in Heemstede, Netherlands), is a Dutch football manager and former midfielder. As a player, he was an important member of the Dutch national team that finished as runner-up in the 1974 and 1978 FIFA World Cups.

NEESKENS

Laster & menschliche Schwächen

Der hochverehrte Dieter Schatzschneider hat einmal sinngemäß gesagt: Die braven, wohlerzogenen Fußballer sind letztlich nicht diejenigen, die im Spiel dann einfach mal einen Ball aus 30 Metern in den Winkel hauen. Er hat zweifellos recht. Fußball erfordert mental ein gewisses inneres Rabaukentum, und die genialsten Fußballer aller Zeiten, die wahren Genies am Ball, galten in den meisten Fällen auch als unbezwingbare Skandalnudeln, die vor keiner Eskapade zurückschreckten. Wie zum Beispiel Olaf Thon.

Die Leute sagen, er sei rücksichtslos professionell. Ich würde sagen, er ist professionell rücksichtslos.

(John Lukic, Torwart bei Arsenal London, über seinen Ex-Trainer George Graham)

Keiner der Spieler kann einen Reifen wechseln. Einer hat unseren Zeugwart Albert mal gebeten, sich sein Auto anzusehen, weil er einen Nagel im Reifen vermutete. Albert fragte ihn nach dem Schraubenschlüssel, um die Radmuttern zu lösen. Der Fußballer hat ihn verwirrt angeschaut und geantwortet: „Wenn das ein Problem ist, lass mal. Ich kann auch einfach bei der Werkstatt anrufen und mir ein neues Auto bringen lassen."

(Manchester Uniteds Jugendtrainer Brian McClair)

Da war dieser männliche Politiker, den man in seiner Wohnung tot auffand. In Damenstrumpfhosen und Strapsen.
Er trug außerdem einen Manchester City-Schal. Die Poli-
zei hat den Schal verschwiegen, um die Angehörigen nicht
bloßzustellen.

(Bernard Manning, Komödiant und City-Fan, 2000.)

In Ipswich trank der Vorsitzende immer eine Flasche Champagner, wenn wir gewonnen hatten. Wenn wir verloren hatten trank er zwei und dachte, wir hätten gewonnen.

(Sir Bobby Robson, ehemaliger Trainer bei Ipswich Town)

Ich hatte eine Einladung für die „Kilroy Show". Das Thema
war Spielsucht. Ich weiß bis heute nicht, weshalb die mich
dafür haben wollte. Ich habe denen abgesagt und den Tag
dann beim Pferderennen verbracht.

(Stan Bowles)

Wenn er im Beisein der Queen furzen würde, würde uns das
schädigen.

*(Adidas-Sprecher Paul McGaughey über das Risiko eines
Werbevertrages mit Paul Gascoigne)*

Er ist ein großartiger Spieler, wenn er nicht betrunken ist.

*(Brian Laudrup über Paul Gascoigne während ihrer gemeinsamen Zeit
bei den Glasgow Rangers, 1997)*

Gazza erinnert mich an Marilyn Monroe. Sie war nicht die größte Schauspielerin der Welt, aber sie war ein Star, und es machte niemandem etwas aus, wenn sie zu spät kam.

(Michael Caine über Paul Gascoigne, 1998)

Roy Keane hat keine Manieren. Es gibt nie eine Rechtfertigung dafür, unhöflich zu sein. Nicht einmal Leuten gegenüber, die man nicht mag.

(George Best)

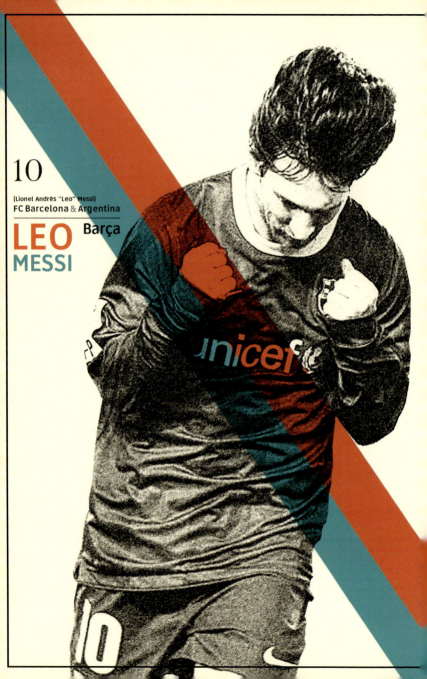

Religiöses

Der Fußball ist voll von Querverweisen auf Themen des Glaubens. So tragen immer wieder Spieler Bibelverse auf dem Unterhemd, von denen die meisten nie je Beachtung finden, weil es am Ende immer ein wenig doof aussieht, wenn man sich jubelnd das Trikot über den Kopf zieht, obwohl man 0:2 zurückliegt. Gut, dass es weitere Möglichkeiten gibt, den eigenen, tiefen Glauben im Rahmen eines Fußballereignisses zum Ausdruck zu bringen. Beispielsweise durch Ausrufe wie: „Um Gottes Willen, spiel doch eher ab, du alte Kackbratze!"

Die Frage, ob Gott lebt, ist beantwortet: Er spielt beim FC Barcelona!

(Die spanische Zeitung „Sport" über Lionel Messi.)

Wir brauchen hier keinen Messias, weil zu jedem Messias immer auch ein Judas gehört.

(Kölns Sportdirektor Volker Finke)

Ich fühle mich wie Jesus. Als ich Lazio Rom gekauft habe, habe ich zuerst die Händler aus dem Tempel geworfen.

(Lazio Roms Präsident Claudio Lotito)

Religiöses

Ab heute glaube ich nicht mehr an den Fußballgott, weil er nicht gerecht ist.

(Rudi Assauer glaubt sehr wohl an einen Fußballgott. Nur eben an einen Ungerechten.)

Jeder hat einen Makel. Es gibt keinen Makellosen, nicht einmal in der Geschichte der letzten Tausenden von Jahren. Jesus vielleicht, ja, aber der lebt nicht mehr und will auch mit Sicherheit nicht die deutsche Nationalelf, wenn er noch leben würde, übernehmen.

(Franz Beckenbauer nach der erfolglosen EM 2004 über die Suche nach einem neuen DFB-Bundestrainer)

Wenn Gott gewollt hätte, dass die Menschheit Fußball spielt, hätte er uns keine Arme gegeben.

(Mike Ditka, ehemaliger American Football-Star)

Du und ich haben von Geburt an zwei Hände, zwei Beine und ein halbwegs vernünftiges Gehirn bekommen. Manche Menschen werden nicht so gesund geboren, und das wird sicher irgendwelche Gründe haben.

(Englands Manager Glenn Hoddle versucht zu erklären, dass behinderte Menschen mit ihrem Handicap für Sünden in einem früheren Leben bestraft wurden. Dieses Interview in der „Times" sorgte 1999 schließlich für das Ende seiner Karriere als Nationaltrainer.)

Religiöses | 169

Was würden wir ohne Fußball machen, um Gottes Willen?

(Sir Bobby Charlton)

In Spanien bekreuzigen sich alle 22 Spieler beim Betreten des Rasens. Wenn das irgendwas bewirken würde, würden alle Spiele immer unentschieden ausgehen.

(Johan Cruyff)

Wir haben unsere Vorsicht über den Haufen geworfen und sind von den Toten auferstanden. Na ja … es ist ja auch Ostern.

(Glenn Hoddle, Spielertrainer bei Swindon, nach einem 1:4-Rückstand gegen Birmingham, den sein Team 1993 noch in einen 6:4-Sieg verwandelte)

Bei jedem tausendsten geschaffenen Menschen nimmt Gott den Kopf ab, löffelt das Gehirn heraus und gibt ihn als Fußballfan an Vereine weiter.

(Toquays Vorsitzender Mike Bateson)

Wenn ich über einen Verteidiger höre, dass er angeblich gut am Ball sein soll, denke ich: „Du lieber Gott!"

(Rio Ferdinand)

Religiöses

**Was ist der Unterschied zwischen Jesus und David James?
– Jesus rettet!**

*(West Ham Uniteds Vereins-Geistlicher in seiner Weihnachtsbotschaft
an die Fans 2002)*

Gott schuf mich, um die Menschen mit Toren zu erfreuen.

(Romario)

Ich bin in Asien bekannter als Gott.

(Pelé)

**Damals nannte ich es „Die Hand Gottes". Blödsinn! Es war
die Hand Diegos!**

(Diego Maradona 2005 über sein Skandal-Handtor bei der WM 1986)

Ein bisschen die Hand Gottes, ein bisschen der Kopf Diegos.

(Diego Maradona über dasselbe Tor direkt nach dem Vorfall 1986)

**Wenn schon Jesus Christus Fehler gemacht hat, weshalb
sollte ich nicht auch welche machen?**

(Diego Maradona über seine Affären und Drogenskandale, 2005)

Religiöses | 171

Ernährung
(sportgerecht und anders)

*Das Thema Essen ist unter Fußballern ein ganz bedeutsames,
was sicherlich auch daran liegt, dass der durchschnittliche
Fußballer nicht selten mehrmals pro Tag Mahlzeiten zu sich
nimmt. Es versteht sich von selbst, dass einem leistungsfähi-
gen Körper nicht alle kulinarischen Extravaganzen zugemutet
werden sollten. Der Vater von Joscha Lienen zum Beispiel,
Ewald Lienen, ließ keine Gelegenheit aus, seinen Spielern den
Genuss von Gummibärchen zu verbieten. Dem gegenüber steht
die dänische Nationalelf bei der EM 1992, die der Legende
nach vor den Titelkämpfen damals viel Zeit in McDonald's-
Restaurants verbrachte. Die Dänen wurden mit Cheeseburger-
gestählten Leibern Weltmeister. Wir lernen daraus: Bewusste
Ernährung mit Augenmaß ist der erste Schritt zum Erfolg einer
Mannschaft. Keine Gummibärchen, viele Hamburger!*

**Ketchup! Ständig Ketchup auf jedem Essen. Es wundert
mich, dass es die Engländer nicht auch noch trinken**

(Thierry Henry nach seinem Abschied beim FC Arsenal.)

**Ich habe unter vier Augen eindringlich mit ihm geredet –
aber viel gesagt hat er nicht. Er hat im Tee gerührt.**

*(Schalke-Boss Clemens Tönnies über den Ablauf eines ernsten
Gesprächs mit Felix Magath.)*

Christoph Daum ernährt sich fast ausschließlich von Makkaroni – weil er so beim Essen ungestört durch die Löcher weiterreden kann.

(Max Merkel)

Bier ist ja, glaub ich, ab 16 erlaubt, und wenn nicht – ich hab's auf jeden Fall gemacht.

(Julian Draxler, 17, über die Pokalfeierlichkeiten in der Kabine von Schalke 04 nach dem Pokalsieg 2011)

Die Essgewohnheiten der Norweger haben mich erstaunt. Besonders, dass sie Marmelade mit geräuchertem Fisch mischen und Banane mit Makrele.

(Georges-Marie Duffard, der Manager des norwegischen Teamhotels bei der WM 1998)

Es gibt wichtigere Dinge, über die ich nachdenken muss, als über Aussagen von Delgado in irgendeiner Zeitung. Ich habe zum Beispiel einen Joghurt im Kühlschrank, der heute abläuft.

(Gordon Strachan als Manager des FC Southampton, über kritische Aussagen seines Spielers Augustin Delgado in der Presse)

Das Baguette! Es ist erstaunlich, wie gut Baguette schmeckt!

(Lyons argentinischer Mittelfeldspieler César Delgado auf die Frage, woran er sich später am liebsten erinnern werde, wenn er an seine Zeit in Frankreich zurückdenke)

Ernährung (sportgerecht und anders)

Wenn wir ein paar Eier hätten, könnten wir Eier mit Schinken machen. Jedenfalls, wenn wir auch Schinken hätten.

(Robbie Savage, ehemaliger walisischer Fußballstar)

Mit meinen Fähigkeiten hätte ich für Topvereine wie Manchester United oder Liverpool spielen müssen, wenn ich nur 10 Kilogramm leichter gewesen wäre. Aber andererseits gibt es viele schlanke, fitte Fußballer, die liebend gerne ihre Karriere gegen meine 50 Länderspiele, 200 Tore und 20 Millionen Pfund Ablösesumme getauscht hätten.

(John Hartson, ehemaliger Premier League-Profi, unter anderem bei West Bromwich Albion)

Haben die Jahre als Profifußballer ihrem Körper geschadet? Nein, aber McDonald's hat meinem Körper geschadet.
Hatten Sie irgendwelche Rituale vor einem Spiel? Ja. Ich habe immer viel gegähnt.

(Matt LeTissier in einem Fragebogen auf seiner Webseite)

Wenn das nicht unterhaltsam ist, bin ich eine Banane.

(Carlisle Uniteds Präsident Michael Knighton nach dem abgewendeten Abstieg seines Teams 1995, entstanden durch ein Feld-Tor des eigenen Ersatztorwartes Jimmy Glass in der Nachspielzeit des letzten Saisonspiels.)

Wir essen viel bei McDonald's und mögen Ronald McDonald. Deshalb haben wir unseren Sohn „Ronald" genannt.

(Ronaldo nach der Geburt seines ersten Kindes, 2000)

» El Angel de Madrid «   Los Blancos   no. 7

Raúl González Blanco — Real Madrid Club de Fútbol

Bittere Einsichten

Einem jeden Fußballspieler sei eine Karriere ohne anschließende Bitterkeit gegönnt. Allein, dies ist nicht die Regel. Die Fußballgeschichtsbücher sind voll von tragischen Helden, die der besseren sportlichen Perspektive wegen aus Versehen von den Bayern zum FC Homburg wechselten, die von Union Solingen zu Real Madrid wechseln, um mehr Einsätze zu bekommen – oder die zu Schalke gehen, um endlich mal Meister zu werden. Hinterher ist es meistens zu spät.

Sechste Liga, das ist Sprite statt Champagner!

(Ailton nach seinem Debüt für den KFC Uerdingen)

Jede Straßenbahn hat mehr Anhänger als Uerdingen.

(Max Merkel)

Wie merkt man, dass in Köln Donnerstag ist? Lukas Podolski kommt zum ersten Mal in der Woche zum Training.

(Udo Lattek)

Jung und erfahren gibt es im Fußball nicht. Das gibt es nur auf dem Straßenstrich.

(Sven Ulreich)

Was? Der Bundestrainer war hier? Zu mir hat er sich nicht getraut!

*(Bayer-Sportdirektor Rudi Völler nach einem 0:0 gegen den
1. FC Nürnberg zum überraschenden Besuch von Joachim Löw)*

Das war ein Schlag voll in die Fresse, so ein Spiel. Das ist wie mit einem Klappspaten ins Gesicht – ein Knock-out.

(Ralph Gunesch vom FC St. Pauli nach einem 0:5 in Nürnberg)

Die Premier League ist eine Schrottliga. Sie ist nichts. In Wirklichkeit ist das Niveau der Liga schockierend. Jedes Team hat nur drei gute Spieler. Wenn du die wegnehmen würdest, wäre nur Spieler übrig, die nicht einmal in schlechteren holländischen Vereinen spielen würden. Die deutsche Bundesliga ist viel besser!

*(Zeljko Petrovic, 2008/09 Assistent von Martin Jol beim HSV,
nach seiner Entlassung als Co-Trainer von West Ham United)*

**Er hat mir alles genommen:
mein Haus und meine Nummer!**

*(Werder Bremens Schwede Markus Rosenberg über seinen Landsmann
Denni Avdic. Rosenberg war für ein Jahr nach Santander verliehen
worden. In dieser Zeit verpflichtete Werder Avdic, der zog in
Rosenbergs Haus und bekam dessen Nummer 9.)*

Bittere Einsichten | | | 179

Das englische Nationalteam besucht während der WM 2010 ein Waisenhaus. „Es ist gut, solche Menschen zum Lächeln zu bringen. Menschen ohne Hoffnung, die immer wieder scheitern und immer wieder dem Unmöglichen ins Auge blicken müssen!" ... sagt der sechsjährige Jamal Omboto.

(Witz aus England)

Ich habe den Brief gelesen. Ich glaube nicht, dass ihn ein Spieler geschrieben hat. Er war mit dem Computer geschrieben, und er enthielt keine Rechtschreibfehler.

(Der Generalsekretär des französischen Fußballverbands, Henri Monteil, lässt zwischen den Zeilen durchblicken, was er vom Intellekt der französischen Nationalspieler hält, nachdem er das Statement der Mannschaft über den Trainingsboykott während der WM 2010 erhalten hatte.)

Gesundheit ist wichtiger als ein Platz im WM-Kader.

(Roy Keane, nachdem er 2002 aus der irischen WM-Mannschaft geworfen wurde.)

Meine Bilanz, alle zwei Spiele ein Tor, hört sich zwar gut an. Aber das bedeutet nur ein Tor alle drei Stunden. Die meiste Zeit dazwischen bin ich frustriert, genervt und warte auf den richtigen Pass.

(Gary Lineker, 1992)

In dem Moment als ich zum Training kam und Gianfranco Zola mittrainieren sah, wusste ich, es ist Zeit zu gehen.

(John Spencer, schottischer Angreifer beim nach und nach italienisch unterwanderten FC Chelsea, 1997)

Ich muss verrückt gewesen sein, nach Birmingham zu kommen. Ich bin hier nur, weil Deportivo La Coruña mich hierher verkauft hat und weil meine Frau mich gezwungen hat.

(Walter Pandiani, Stürmer aus Uruguay, nach seinem Wechsel zu Birmingham City, 2005)

Ich habe nach vielen Jahren einen Kumpel wiedergetroffen, der mich fragte, was ich so mache. Ich sagte, ich sei jetzt Spielertrainer beim FC Millwall. Seine Frau sagte, ohne zu zögern: „Wie peinlich!"

(Mick McCarthy, Trainer in Millwall, 1995)

Wir spielen jetzt seit einer Stunde, und mir wird gerade klar, dass es 0:0 unentschieden steht zwischen uns und einem Berg.

(Radio Scotlands Kommentator Ian Archer während eines Spiels der schottischen Elf in San Marino)

Wir sind Spanien. Was erwarten Sie?

(Spaniens Nationalspieler Vicente nach der Niederlage gegen Portugal bei der EM 2004 auf die Frage „Was lief schief?")

Ich bin so ein Pechvogel! Würde ich in eine Schubkarre voller Brüste fallen, würde ich daumenlutschend wieder herauskommen.

(Ian Holloway, Trainer von Queens Park Rangers, nach einer Niederlage 2004)

Es gibt viele Bundesligaspieler, die bei Real Madrid spielen können. Aber es gibt keinen, der beim FC Barcelona spielen kann!

(Jürgen Klopp, auf die Frage eines Journalisten zu den Offerten um Nuri Sahin und der Qualität der deutschen Spieler bei Real Madrid, 2011)

Reporter: Große Spieler werden nicht unbedingt auch große Manager!
Roy Keane: Das stimmt, aber ich war ja auch nie ein großer Spieler.

(Dialog zwischen einem Journalisten und Trainerneuling Roy Keane, kurz nach seinem Einstieg bei Sunderland 2006)

Ich würde mir gerne Manchester United gegen Arsenal anschauen, um meine schottischen Nationalspieler zu beobachten. Das Problem ist, dass ich dafür eher Wigan gegen Bristol City gucken muss.

(Berti Vogts als schottischer Nationaltrainer, 2003)

Manchmal bin ich um 15 Uhr immer noch auf der Arbeit.

(Paul Merson über seinen knüppelharten Alltag als Spielertrainer in Walsall, 2004)

Der prachtvollste Moment ist, wenn du deinen Vertrag unterschreibst. Danach geht es bergab.

(Carlos Queiroz über das Leben als Trainer bei Real Madrid, 2003)

Letzte Woche habe ich ein paar meiner ausländischen Spieler auf die Bank gesetzt, und prompt begannen sie demonstrativ damit, nur noch ausländisch miteinander zu reden. Aber ich weiß genau, was sie gesagt haben: „Bla bla bla … le bastard Manager, fucking nutzloser Bastard."

(Harry Redknapp während seiner Zeit als Manager bei Portsmouth, 2004)

Ein Torwart ist Torwart, weil er nicht Fußball spielen kann.

(Ruud Gullit)

Ich möchte gar nicht, dass meine Spieler in die National-mannschaft eingeladen werden. Wenn sie von dort zurück-kommen, möchten sie mehr Geld, kostenlose Autos, ein großes Haus, Seite-3-Tussis, Ecstasy und Kokain. Ich bin froh, wenn sie mit all dem nicht in Berührung kommen.

(Sheffield Uniteds Manager Dave Bassett, 1990)

Bittere Einsichten

Es gibt 0:0-Unentschieden und 0:0-Unentschieden, und dieses hier war ein 0:0-Unentschieden.

(Coventrys Trainer John Sillett)

Jetzt kommt der Ersatzspieler aufs Feld.
Er ist ein Spieler, der heute nicht in der Startelf stand.

(Kevin Keegan)

Kevin Keegan

Gratulation an
West Bromwich Albion.
Sie sind heute abgestiegen.

(Micky Quinn, Ex-Profi und heutiger Sport-Kommentator beim englischen Radiosender TalkSport)

Familiäres & Zwischenmenschliches

Schon der große Ernst Happel sagte einmal über die familiäre Situation seiner Spieler: „Der Profi braucht regelmäßigen Verkehr. Er kann es sich ja nicht zwischen den Rippen herausschwitzen." Man merkt daran: Ein geregeltes Familienleben ist für die Leistung auf dem Platz offenbar sehr wichtig.

Es kommen ja nicht nur die Freundinnen, sondern auch die Ehefrauen.

(Hollands Trainer Marco van Basten über Frauenbesuch im Mannschaftsquartier bei der WM 2006)

Jupp und ich sind noch von einem anderen Schlag. Erst spielen, dann ab nach Hause. Ich bin mal gespannt, wann die Männer die Kinder kriegen und die Frauen zugucken.

(Wolfsburgs Trainer Lorenz-Günther Köstner zum Fernbleiben seines Verteidigers Barzagli, der bei der Geburt seines ersten Kindes dabei sein wollte)

Luxus bedeutet für mich, Zeit zu haben. Zeit für die Familie und Zeit für meine Arbeit.

(Steve McClaren als Trainer des VfL Wolfsburg. Kleiner Tipp: Zeit für die Arbeit und die Familie hat man eigentlich IMMER. Nur die Gewichtung kann differieren.)

186 ||| Familiäres & Zwischenmenschliches

Darf ich bitte meine Großeltern grüßen? Ja?! Das ist überfällig. Liebe Grüße an meine beiden Omas und den Opa!

(Thomas Müller)

Wenn man eine neue Freundin hat, klappt auch nicht immer gleich alles perfekt.

(Bastian Schweinsteiger nach den ersten Arbeitstagen des damals neuen Bayerntrainers Louis van Gaal)

Wir schenken uns nichts.

(Werder-Chef Klaus Allofs auf die Frage, was er Trainer Thomas Schaaf zum 50. Geburtstag schenkt.)

Familiäres & Zwischenmenschliches

Bei Versprechen bin ich vorsichtig. Das hat einmal geklappt – bei meiner Heirat.

(Kaiserslauterns Vorstandschef Stefan Kuntz auf die Frage, ob er den FCK-Fans nach den Auswärtsleistungen auch mal eine gute Heim-Leistung des Teams verspricht)

Meine Mutter hat früher immer gesagt, sie wünsche sich artige Kinder. Ein Albtraum für mich. Ich wünsche mir artige Spieler.

(Hans Meyer)

Ich stehe zu meinen vier Ehen. Eine Ehe ist wie ein Fußballspiel. Man weiß nie, wie es ausgeht. Man muss dafür kämpfen, sein Bestes geben, doch es kommt auch auf die Mitspielerin an. Auch wenn sich das aus meinem Mund jetzt blöd anhört: Ich bin ein Beziehungsmensch, ein Familienmensch.

(Lothar Matthäus)

Ich bin in meinem Privatleben exakt genau so wild, wie ich auf dem Platz bin, deshalb hat mich meine Frau auch geheiratet.

(Oliver Kahn, geschieden)

Familiäres & Zwischenmenschliches

Ja, manchmal bin ich auch gefragt, was Wickeln anbelangt, aber ich bin mehr, sagen wir mal, für die sanfte Tour, also wenn es wässrig ist, dann mach ich das ganz gerne. Aber wenn da, sagen wir mal, ein bisschen was Dunkleres dabei ist und zu riechen beginnt, das ist dann nicht mehr meine Abteilung, dann versuche ich mich sehr rar zu machen.

(Franz Beckenbauer nach der Geburt seines jüngsten Kindes)

Ich bin reifer geworden. Auch meine Mama sagt das.

(Rio Ferdinand)

Ach, wir beide … wir werden sicher irgendwann gemeinsam in den Sonnenuntergang reiten.

(Sir Alex Ferguson, befragt nach seiner Beziehung zu Arsène Wenger)

Wir hatten oft romantische Nächte zu Hause, haben zusammen Filme gesehen – mit seinem Berater. Wenn wir ausgingen, dann immer nur in den Supermarkt. Es war beschämend: Ich habe mich schön zurechtgemacht für einen netten Abend, und wir landen an der Meeresfrüchte-Theke.

(Beth Moutrey, Ex-Freundin von Nicolas Anelka, 2003)

Wäre er einen Hauch größer, dann wäre er der beste Innenverteidiger in ganz England. Sein Vater ist fast 1,90 Meter groß. Ich würde mir bei Gelegenheit mal den Milchmann genau anschauen.

(Sir Alex Ferguson über Manchester Uniteds eher kleinen Verteidiger Gary Neville)

Familiäres & Zwischenmenschliches

Ich kam nach Hause und fragte meinen Vater: „Sind wir eigentlich Iren?" – Und er antwortete: „Wie soll ich das wissen?"

(Wayne Rooney)

Ich hatte mehr Angst vor meiner Mama als vor Sven-Göran Eriksson. Sie hat mir immer ins Ohr gekniffen, wenn sie fand, dass ich dummes Zeug gemacht habe.

(Wayne Rooney)

Er wird nicht nach Pisa wechseln. Aus dem einfachen und wichtigsten Grund, dass seine Mama das vor ein paar Tagen so entschieden hat.

(Trainerlegende Brian Clough über seinen Sohn Nigel nach Spekulationen, dieser könne nach Italien wechseln, 1988)

Als Billy McNeill, unser Kapitän 1967, sich im Krankenhaus von einer Herzoperation erholte, rief ich an um zu hören, wie es ihm geht, und sein achtjähriger Enkel James ging ans Telefon. Er fragte, wer ich bin, und als ich es ihm verriet, sagte er: „Ah, Du bist der Typ der damals in Lissabon den Elfer verschuldet hat!"

(Celtic Glasgow-Legende Jim Craig, der zu den legendären Lisbon Lions gehörte. Eine legendäre Elf aus Spielern, die aus der engsten Umgebung Glasgows stammten und mit tollem Offensivfußball im Europacup-Finale 1967 in Lissabon den hohe Favoriten Inter Mailand mit 2:1 besiegten)

Familiäres & Zwischenmenschliches

Ich kaufe mir lieber eine „Bob der Baumeister"-CD für meinen zweijährigen Sohn.

(Jason McAteer, irischer Ex-Nationalspieler, auf die Frage, ob er sich Roy Keanes Autobiografie kaufen werde)

Er hat mich das ganze Spiel über genervt. Davon abgesehen, dass es ohnehin schon ein Albtraum war, gegen ihn verteidigen zu müssen, hat er dich jedes Mal zugetextet, wenn er in deiner Nähe war. Einmal haben er und Mark Bright mich im Spiel verfolgt und mir zugerufen: „Weißt du, wo deine Freundin letzte Nacht war? Wir ja, und sie macht tolles Frühstück!"

(Neil Ruddock, früherer Verteidiger bei Liverpool über Arsenals Ex-Star Ian Wright)

Was Marco Materazzi sagte, war sehr privat. Er hat meine Mutter, meine Schwester, meine ganze Familie beleidigt, und das nicht nur einmal oder zweimal, sondern dreimal. Ich hätte von ihm lieber einen Schlag ins Gesicht bekommen, als mir diese Beleidigungen anhören zu müssen. Beim dritten Mal war es dann einfach zu viel. An allererster Stelle bin ich ein Mann.

(Zinedine Zidane über den Kopfstoß-Vorfall im WM-Finale 2006)

Ich habe Zidane nicht als Terroristen bezeichnet, wie manche sagen. Ich bin ignorant, ich kenne nicht mal die genaue Bedeutung des Wortes „Terrorist". Ich habe Zidane nur vollgequatscht wie man das dutzendfach während eines Spiels tut. Und seine Mutter habe ich schon gar nicht beleidigt. Mütter sind für mich etwas Heiliges.

(Marco Materazzi verteidigt sich.)

> *Reporterfrage:* **Ist der Gewinn der Champions League die größte Leistung Ihres Lebens?**
> *Antwort Rafa Benitez:* **Im Fußball ja. Aber ich habe zwei Töchter und eine Ehefrau.**
>
> *(Liverpools Trainer Benitez in der Pressekonferenz nach dem Gewinn der Champions League 2005)*

Es war fantastisch, wie John Lennon und Yoko Ono ihre Popularität nutzten, um Werbung für den Frieden zu machen. Und ich wäre stolz, dies ebenso tun zu können. Es wäre fantastisch für Sven und mich, das als Paar genauso zu tun.

(Die Freundin des englischen Nationaltrainers Sven Göran Eriksson, Nell Dell'Olio, die im Jahr 2003 ihre eigene Anti-Kriegs-Gruppe „Truce International" vorstellte)

Kannst du dir vorstellen wie meine Spieler reagieren würden, wenn ich denen eines Tages sagen würde: „Darf ich euch Cock und Dick vorstellen?"

(Tottenhams niederländischer Trainer Martin Jol auf die Frage, weshalb er seine ebenfalls im Fußballgeschäft tätigen Brüder nicht mit nach England gebracht hat)

Wenn du einen Kader zusammenstellst, suchst du nach guten Spielern. Nicht nach Kerlen, die deine Tochter heiraten sollen.

(Sheffield Uniteds Manager Dave Bassett nach dem Transfer von Skandalprofi Vinie Jones zu seinem Verein)

Familiäres & Zwischenmenschliches

Menschen treten immer nach etwas, egal ob alt oder jung. Selbst ungeborene Kinder treten schon.

(Sepp Blatter)

Ich hoffe, dass mir das Jahr 2003 einen fantastischen, intelligenten und feinfühligen Mann beschert. Nicht wieder einen Fußballer.

(Das australische Model Vanessa Kelly nach einer Liaison mit Italiens Star Christian Vieri)

Es wäre mir lieber, meine Frau würde sich verletzen als meine Spieler.

(Fulhams Manager Jean Tigana, 2002)

Und wenn wir Werte wie Toleranz und Liebe wieder in den Mittelpunkt stellen, dann erfüllen wir einen wichtigen Beitrag und unsere Vorbildfunktion für die gesamte Gesellschaft.

(Christoph Daum vor dem Spiel Frankfurt gegen Bayern über seine Dauerfehde mit Uli Hoeneß)

Er hat ja nicht einmal seine Kinder im Griff. Wie soll er ein Fußballspiel unter Kontrolle haben können?

(Kay Webb, Ehefrau des englischen Finalschiedsrichters 2010, Howard Webb)

Familiäres & Zwischenmenschliches

Tuchel könnte sogar seine schwangere Frau aufstellen, und die würde zwei Tore machen.

(Mönchengladbachs Sportdirektor Max Eberl)

Ich gebe das nur ungern zu, aber ich weiß nicht einmal, wie man Tee oder Kaffee macht. Ich bin bekannt dafür, sehr gut Dinge in der Mikrowelle aufwärmen zu können.

(Michael Owen)

Manchmal kann es etwas stören, wenn du in Ruhe abendessen möchtest, in ein schickes Restaurant gehst und plötzlich ein oder zwei Gäste laut PSYCHO!! PSYCHO!!! brüllen.

(Stuart Pearce, Spitzname Psycho)

Ich genieße mein Privatleben eher privat.

(Lothar Matthäus)

Sie wissen, zu Privatem sage ich nichts.

(Lothar Matthäus)

Tierwelt

Fußballer sind häufig sehr tierlieb. Allerdings nicht häufiger als andere Menschen auch. Die ursprünglich für diese Stelle des Buches geplante Message wurde deshalb wieder verworfen.

Das Letzte, was Bill jede Nacht tut, ist ein Spaziergang mit unserem Hund über den Trainingsplatz des FC Everton. Das arme Tier darf nicht nach Hause, ehe es dort nicht sein Geschäft gemacht hat.

> *(Nessie Shankly, Ehefrau des FC Liverpool-Trainers Bill Shankly)*

Das Gras auf unserem Trainingsplatz ist so hoch, dass alle Schafe in unserer Heimat einen Monat bräuchten, um es aufzufressen.

> *(Brian Kerr, Nationaltrainer der Färöer, vor dem EM-Qualifikationsspiel gegen Italien über den Zustand des Trainingsplatzes seiner Elf in der Nähe von Florenz)*

Wir haben fantastisches Gras hier an der Anfield Road. Professionelles Gras!

> *(Liverpool-Manager Bill Shankly über den Rasen des eigenen Stadions)*

Tierwelt

Rechts steht kein Mensch. Nur Sagna, der Außenverteidiger.

(ZDF-Kommentator beim WM-Spiel Frankreich – Südafrika im Juni 2010)

Carles Puyol hat weniger in seinem Kühlschrank, als ein Affe Haare an seinem Arsch hat.

(Gerard Pique via Twitter nach einem Besuch in der Wohnung seines Mannschaftskameraden)

Sie haben ein paar neue Spieler verpflichtet, aber das wirkt bloß wie das Schminken eines Schweines mit Lippenstift: Es bleibt dennoch ein Schwein.

(Rodney Marsh, ehemaliger Nationalspieler Englands und späterer Sky-Experte, über den Kader von West Bromwich Albion 2002)

Es mag egoistisch klingen, aber diesen Sieg möchte ich meinem vor zwei Jahren gestorbenen Hund widmen.

(Boca Juniors-Coach Carlos Bianchi, nachdem sein Team in Argentinien 2001 das Triple gewonnen hatte)

Als wir das zweite Gegentor bekamen wusste ich: Die Sau ist tot.

(Swindons Manager Danny Wilson nach einer Pokalniederlage gegen West Ham, 1975)

PINTURICCHIO has become famous over the years for scoring from a special "Del Piero Zone" ("Gol alla Del Piero"), approaching from the left flank and curling a precise lob into the far top corner of the goal.

Kritik

Trainerlegende Max Merkel, der Fußballgott hab' ihn selig, sagte einmal über den Fußballer an sich: „Wenn ein Spieler ein Depp ist, muss man ihm auch sagen, dass er ein Depp ist. Durchs Streicheln wird er nämlich nicht gescheiter." Kritik also ist etwas sehr Wichtiges. Man muss halt nur darauf achten, dass sie destruktiv bleibt.

Er ist ein ausgezeichneter Spieler, aber er will nicht laufen. Er will nur in der Abwehr spielen. Da hat er es einfacher, da kann er mit Krawatte spielen.

(Franz Beckenbauers Charakterisierung des Argentiniers Martin Demichelis)

Hola und Buenos Dias.

(José Mourinho über den kompletten spanischen Wortschatz von Sami Khedira und Mezut Özil nach einigen Monaten bei Real Madrid)

Er hat nur zu kleine Hände, sonst könnte man ihn auch als Torwart gebrauchen.

(Werder-Trainer Thomas Schaaf über Bremens brasilianischen Allrounder Wesley)

Er ist der Präsident, er darf das machen. Wir haben in Cluj vereinbart, dass wir alles intern besprechen. Aber er ist unser Präsident. Er ist die Ikone – und ich kann dieser Ikone nicht widersprechen. Er darf das sagen, aber ob es die Wahrheit ist, ist etwas anderes.

(Bayern-Trainer Louis van Gaal nach einem Hoeneß-Interview in der „Süddeutschen Zeitung")

Die haben jetzt zwar Bananen, können nach Spanien fahren, haben die Reisefreiheit. Aber sie haben im jugendlichen Alter kein Durchsetzungsvermögen.

(DDR-Ikone Jürgen Sparwassers über die lasche Einstellung der ostdeutschen Fußballer von heute)

Der Lehmann soll in die Muppet-Show gehen. Der Mann gehört auf die Couch. Vielleicht wird ihm da geholfen. Einweisen – am besten in die Geschlossene!

(Feinsinnig bewertet Tim Wiese die Leistung des Sky-Kommentators Jens Lehmann nach einer von Lehmann geäußerten Kritik an Wiese.)

Nachkriegs-Irak ist besser geführt als Leeds United.

(Überschrift in der „News of the World", 2003)

Der Boss hat mich nach hingeschickt und mich herausfinden lassen, ob ich beim FC Liverpool eine Schwäche erkennen kann. Ich habe eine gefunden: Im Halbzeit-Tee ist zu viel Milch.

(Shrewsburys Co-Trainer Kevin Summerfield über die Beobachtung des nächsten Pokalgegners FC Liverpool bei einem 5:0-Sieg gegen Leeds, 1996)

Es war ein typisches Wimbledon-Tor: Traurig, erbärmlich, aber sehr effektiv.

(Bobby Robson, Manager von Newcastle United, 2000)

Ich glaube, Ally hält Taktik für eine neue Pfefferminzsorte.

(Ein schottischer Verteidiger während der WM 1978 über seinen Nationaltrainer Ally McLeod)

Der englische Fußball basiert nur auf körperlicher Stärke. Um ehrlich zu sein, ich mag das nicht sehr. Gut, es ist sicherlich interessant und anders, irgendwie wie eine Achterbahn.

(Francesco Totti)

Fußballer interessieren sich nur für Alkohol, Kleidung und ihre eigene Pimmelgröße.

(Karren Brady, Manager bei Birmingham City, 1994)

Auf diesem Niveau wirst du besiegt, wenn fünf oder sechs deiner Spieler nicht zum Spiel kommen.

(Kevin Keegan, dem vor einem Spiel bei Aston Villa 2002 aus ungeklärter Ursache einige Spieler fehlten)

Meine Gattin Sandra hätte den reingemacht.

(Harry Redknapp, Tottenhams Trainer, nach einer vergebenen Großchance seines Stürmers Darren Bent in einem Spiel gegen Portsmouth)

Am Ende haben wir durch ein blödes drittes Tor noch verloren, wegen eines individuellen Fehlers des Torwartes. Aber ich werde keinem Einzelnen die Schuld geben.

(Falkirk-Manager John Hughes nach einer Niederlage gegen die Rangers im schottischen Pokal)

Es gibt große Probleme bei diesem Verein, die jeder klar sehen kann. Und das betrifft nicht nur diese Saison, sondern auch die letzte Saison, die Saison davor und die vier Saisons davor.

(Alan Shearer analysiert den Niedergang von Newcastle United bis zum Abstieg 2009.)

Es ist nicht schön wenn man im Supermarkt ist und die Frau an der Kasse denkt: „Fliegenfänger!"

(David James, Englands Nationaltorwart)

Ich behaupte nicht, dass Van der Meyde ein schlechter Flügelspieler ist. Ich sage nur: Er kann nicht flanken.

(Johan Cruyff als niederländischer TV-Kommentator, über den holländischen Außenbahnspieler Andy van der Meyde, 2004)

Die Leute haben über mich gesagt, wenn ich auf John Lennon geschossen hätte, würde er heute noch leben.

(Gary Birtles, ehemaliger englischer Stürmer, der im Jahr 2004 für seinen Klub Manchester United sehr wenig Tore schoss)

Ob er besser im Mittelfeld oder im Angriff ist? Och, lasst ihn einfach draußen im Park.

(Der ehemalige Celtic-Manager Jock Stein über seinen Star Kenny Dalglish)

Als ich in der Halbzeit meines ersten Spiels für Wimbledon in der Kabine saß, kam unser alter Zeugwart Sid zu mir und brachte den Pausentee. Ich fragte ihn, wie er meine Leistung fand. Und er antwortete: „Ich bin 85, aber gib mir das Trikot mit der 4 und ich mache es besser als du."

(Vinnie Jones)

Man sollte denken: Wenn jemand eine anständige Mauer bilden kann, dann ja wohl China.

(ITV-Experte Terry Venables beim WM-Spiel Brasilien – China 2002, nachdem Brasilien ein Freistoßtor durch Chinas Abwehrmauer hindurch erzielt hatte)

Terry Venables in jungen Jahren

Gedacht wie Messi – gespielt wie Chihi.

(Michael Born, Sky-Kommentator, nach einem verunglückten Passversuch des Kölners Adil Chihi gegen den VfL Wolfburg)

Man bekommt immer mehr den Eindruck, Louis van Gaal hat seine Trainerausbildung an der Uni Bayreuth absolviert.

(Stefan Raab, nachdem Bayern gegen Dortmund 1:3 verloren hatte, in Anspielung auf Guttenberg)

Wen das aus der Bahn wirft, der war nie drin.

(Mainz-Coach Thomas Tuchel nach einem 1:1 gegen den VfB Stuttgart.)

Da war heute keine flüssige Flüssigkeit in Liverpools Spiel.

(Jason McAteer, Ex-Liverpool-Profi)

Wenn ich Zuschauer gewesen wäre, hätte ich auch gepfiffen. Nicht weil wir schlecht gespielt hätten, sondern weil wir gar nicht gespielt haben.

(Ralf Rangnick)

Carlos Tevez' Englisch sollte besser sein, als was es ist.

(Graham Taylor, ehemaliger Spieler, Trainer und heutiger BBC-Fußballexperte)

Das war zu schlecht, um wahr zu sein.

(Bremens Boss Klaus Allofs nach einem 0:2 Bremens gegen Mainz 2010)

Eine seiner Stärken ist nicht der Kopfball.

(Kevin Keegan)

Die Spieler werden mit einem gähnenden Pfeifkonzert verabschiedet.

(Ralf Itzel, Eurosport-Kommentator)

Wenn ein Spieler bei einer Abseitssituation nicht ins Spiel eingreift – was zur Hölle macht er dann überhaupt auf dem Spielfeld?

(Bill Shankly)

Ich denke, Raymond Domenech ist der schlechteste französische Nationaltrainer seit Ludwig XVI.

(Eric Cantona)

Wenn meine Spieler Maurer wären, würde das Haus einstürzen.

(Alan Ball)

Was Newcastle fehlt ist ein Mangel an Tempo.

(Ex-Star Charlie Nicholas)

Tipps & Ratschläge

Die Fußballszene dividiert sich in drei Lager: Die einen, die Tipps & Ratschläge geben, weil sie kompetent sind und wissen, wie der Hase läuft. Dann die, die diese Ratschläge fraglos benötigen, weil sie nicht wissen, wie der Hase läuft. Und dann die, die permanent schlau klingende Dinge sagen, obwohl sie nur eine verhuschte Ahnung davon haben, was noch mal genau ein Hase ist. Diese Menschen erlebt man in freier Wildbahn meistens in „Waldis WM-Klub".

Bayer 04 – die Mannschaft sollte, wenn es irgend möglich ist, ein Tor erzielen, aber auf keinen Fall eins kassieren!

(Fritz von Thurn und Taxis gibt konstruktive Tipps.)

Poldi erinnert mich an Boris Becker zu seinen schlechtesten Zeiten. Becker hat sich auch immer aus dem Rhythmus gebracht, wenn er zu viel gemeckert und seinen Schläger geschmissen hat. Dann hat er auch immer verloren.

(Mainz-Präsident Strutz versucht sich als Psychologe.)

Wir können an die Spieler nur appellieren, sich warm anzuziehen und sich nach dem Duschen die Haare zu föhnen. Wir rufen die Tipps von der Mama immer wieder ins Gedächtnis.

(DFB-Trainerassistent Hansi Flick)

Jeder Trainer auf der Welt, der Lewis Holtby auf der Bank hat, ist verpflichtet, ihn einzuwechseln.

(Mainz-Coach Thomas Tuchel)

Was soll ich mit einem Gewichtheber?

(So begrüßte Tschik Cajkowski im Jahr 1964 als Trainer seinen Spieler Gerd Müller.)

Klose sollte das Gegenteil von dem tun, was Fußballer normalerweise tun. Er sollte seine Vereinskarriere beenden und sich nur noch auf die Nationalmannschaft konzentrieren.

(Getwittert vom amerikanischen ESPN-Kommentator Janusz Michallik. Zahlreiche User antworteten daraufhin sinngemäß mit: Hat er schon getan!)

Such dir etwas anderes.

(Rudi Assauers Rat an schwule Fußballer offenbart Gedankengut aus der Stummfilmzeit.)

Ein Trainer muss sein Spiel an die Spieler anpassen. Besonders dann, wenn man einen für 70 Millionen Euro geholt hat. So einen Spieler holt man doch nicht, um ihn die Vögel in den Bäumen beobachten zu lassen.

(Zlatan Ibrahimovics an die Adresse seines Ex-Trainers Pep Guardiola)

Die jungen Spieler von heute verbringen den ganzen Tag vorm Computer und gehen deshalb nicht vor drei ins Bett. Dabei sollten sie zu dieser Zeit lieber Partys feiern.

(Sinisa Mihajlovic, Trainer des AC Florenz)

Manche Menschen sagen, ich solle den Fußball vergessen. Ich habe geantwortet, dass ich genauso gut mit dem Atmen aufhören könne.

(Gerard Houllier nach einer Herzoperation 2002)

Man kann Stadien klimatisieren, aber nicht ein ganzes Land.

(FIFA-Exekutivkomitee-Mitglied Chuck Blazer erklärt, weshalb die WM 2022 nicht in Katar stattfinden sollte.)

Er hatte kein Gefühl für das Spiel, keine Leidenschaft, und deshalb sollte er sich jetzt, nach seinem Rücktritt, am besten auch komplett aus dem Fußball heraushalten.

(Vinnie Jones über seinen ehemaligen Gegenspieler Gary Lineker, 1994)

Ich würde nie zu einem Klub gehen, der seinen Trainer alle sechs Monate wechselt. Ich bin kein Freund übermäßiger Aufgeregtheit im Fußball. Große Vereine neigen dazu, ihre Trophäen aus einer grundsätzlichen Stabilität heraus zu gewinnen. Geld ausgeben ist eine Sache, ein Team wirklich aufzubauen eine andere.

(Arsène Wenger)

In jeder Umkleidekabine sollte ein Plakat hängen, auf dem geschrieben steht: „Es gibt mehr im Leben als Fußball und Fußballmanagement."

(Gerry Francis, Manager der Bristol Rovers, 1988)

Ich habe gelernt, wie man den Stress als Trainer mildern kann: Wenn der Ball in die Nähe deines eigenen Tores kommt, wende deinen Blick ab! Dreh dich zu deinem Physio, frag ihn nach einem Kaugummi! Wechsle mit ihm ein paar belanglose Worte über das Spiel! Über irgendwas! Das baut die Spannung ab. Möglicherweise verpasst du dadurch ein Tor, aber irgendwer wird dir dann schon sagen was passiert ist.

(Billy Bingham, nordirischer Nationaltrainer, 1992)

Kein Fußballer mit Talent sollte hinten in der Abwehr spielen.

(Malcolm Allison, Trainer bei diversen englischen Vereinen)

Leidenschaft ist das am meisten überstrapazierte Wort im englischen Fußball. Kontrolle ist der Schlüssel zum Sieg. Feuer im Bauch ist schön und gut, aber du brauchst gleichzeitig auch Eis im Kopf.

(Bill Beswick, Sportpsychologe, 1999)

Wenn dich jemand im Stadion anspuckt, musst du das einfach runterschlucken.

(Gary Lineker)

Na, Andrij – selbe Ecke wie immer?

(Liverpools polnischer Torwart Jerzy Dudek im Elfmeterschießen des Champiosn League-Finales 2005 zwischen Liverpool und dem AC Mailand zu Mailands Stürmer Andrij Schewtschenko. Der schoss daraufhin weit am Tor vorbei.)

Es muss hier keiner auf den Tisch hauen. Das wäre Stammtisch.

(Thomas Schaaf)

BACHELOR GIRL'S CLUB

J+S.
29:8:05.

Elliott

Frauen und Fußball

Frauen spielen nicht ganz so gut Fußball wie Männer. Oder sagen wir: Die meisten Frauen spielen nicht ganz so gut Fußball wie viele Männer. Oder sagen wir so: Besonders gut spielende Männer spielen besser Fußball als die meisten Frauen, aber besonders gut spielende Frauen spielen sicher besser Fußball als schlecht spielende Männer. Jetzt habe ich den Faden verloren. Frauen. Fußball. Frauenfußball.

Fußball wurde von Männern erfunden, aber von Frauen perfektioniert.

(Julie Foudy, ehemalige US-Nationalspielerin)

Wenn Männer sich verletzen oder krank sind, jammern sie immer ein bisschen mehr als Frauen.

(Frauen-Nationalelf-Managerin Doris Fitschen)

Ich bin sehr für Frauen als Schiedsrichterinnen im Fußball. Diskriminierung sollte in unserem Sport nichts verloren haben. Wer das anders sieht, hat eine geradezu prähistorische Sichtweise.

(Rio Ferdinand via Twitter über die erste Linienrichterin in der Premier League, nachdem die von zwei Sky Sports-Fernsehkommentatoren vernichtend beurteilt wurde)

Frauen und Fußball

Da dreht sich die Nordkoreanerin weg wie ein Mädchen.

*(Silke Rottenberg als TV-Expertin während der Frauen-WM 2011,
bei der Spielanalyse von USA gegen Nordkorea)*

Man schaut doch auch Paralympics – Menschen, die nicht
ganz so große Leistungen bringen können, aber unter sich
ist es trotzdem spannend.

*(Nico Rosberg erklärt im Vorfeld der Frauen-WM 2011,
weshalb er Damenfußball mag.)*

Welche spanische Mannschaft übernahm John Toshack,
nachdem er Trainer bei Sporting Lesbian war?

(Quizfrage in einem Programmheft des Klubs Leek Town F.C.)

Wenn mein Mann einen tollen Ball halten würde, gäbe es
niemals die Schlagzeile: „EHEMANN VON KÜNSTLERIN
HÄLT FANTASTISCHEN BALL!" Als ich für meine Arbeit
eine renommierte Auszeichnung bekam, wurde darüber
mit der Schlagzeile berichtet: „SPIELERFRAU IST GUT IN
KUNST!"

*(Susan Gunn, Künstlerin und Ehefrau von Schottlands Torwart Bryan
Gunn, 2006)*

Gefährlichster Gegenspieler aller Zeiten? – Meine Exfrau.

*(Englands Stürmer Frank Worthington in einem Illustrierten-
Fragebogen 1975)*

Frauen und Fußball | 215

Frauen sollten in der Küche, in der Disco und in der Boutique sein, aber nicht auf dem Fußballplatz.

(Sheffield Wednesdays Trainer Ron Atkinson, 1989)

Was machen Frauen auf dem Rasen? Sie sind doch nur ein Alibi für politisch korrekte Schwachköpfe!

(Lutons Manager Mike Newell kann sich mit der Rolle von Schiedsrichterassistentin Amy Rayner nicht so recht abfinden, 2006.)

Ein Tor zu schießen vor 70.000 Zuschauern in San Siro ist, als würde man das Herz einer Frau erobern. Nein, es ist besser.

(Inter Mailands Mittelfeldspieler Nicola Berti, 1988)

Das Glasgower Derby „Old Firm" ist wie zwei alte Mädchen in der Sauchiehall Street, die ihre Röcke anheben in Richtung jeder Liga, die vorbeigeht.

(Aberdeens Boss Keith Wyness über Celtic Glasgow und die Glasgow Rangers, die im Jahr 2002 darüber nachdachten, die schottische Liga zu verlassen, um in der englischen Premier League anzutreten.)

Mir sind nicht allzu viele Frauen nachgelaufen. Es waren immer die verdammten Ehemänner, die hinter mir her waren.

(Arsenals Star Charlie George über seine Glanzzeit in den Siebzigern)

Lasst die Frauen in femininerer Kleidung antreten, wie beim Volleyball. Sie könnten zum Beispiel knappere Shorts tragen.

(Sepp Blatter mit konstruktiven Vorschlägen zum Thema Damenfußball, 2004)

Ich liebe England. Einer der Gründe dafür sind die prachtvollen Brüste der englischen Mädchen. Frauen sind letztlich das, worauf es im Leben ankommt. Alles, was wir tun, ist für sie. Wir streben nach Reichtum, Macht und Ruhm, um ihnen zu gefallen.

(Frankreichs Mittelfeldspieler Emmanuel Petit)

Frauen und Fußball

St. Pauli-Regina im Punktek(r)ampf!

Regina Gronenberg, As der St. Pauli-Mannschaft, die zum Auftakt 4:0 gegen Eimsbüttel gewann, schaut etwas skeptisch den Erste-Hilfe-Leistungen des Betreuers zu.
Foto: Witters

Es kickt die holde Weiblichkeit

In Hamburg haben die Punktekämpfe bereits begonnen

Nachdem sich die Natur nun auch dem Kalender anpaßt, wird das neue Fußball-Pflänzchen kräftig in die Arena schießen: Damenfußball! In vielen Vereinszeitungen hat die neue Abteilung bereits ihren festen Platz, und aus den Abhandlungen ist große theoretische Aktivität herauszulesen.

In Praxis begann der Hamburger Verband am 20. März mit einer Punktspielrunde. Die 27 gemeldeten Mannschaften tragen eine einfache Punktrunde in 4 Gruppen aus, die Staffelsieger gehen in die Vorschlußrunde. Die Bundesligakonkurrenz des HSV stört die Damen nicht, die samstags spielen wollen, jedoch Rücksicht auf den verkaufsoffenen Samstag wünschen.

In Südwest nehmen 70 Frauenmannschaften an den Mitte Mai beginnenden Rundenspielen teil, doch hat es der Verband abgelehnt, diese Spiele vor Bundesliga- oder Regionalligatreffen auszutragen, um sie nicht als „Schauobjekt" zu deklarieren.

Der Niedersächsische Verband hat inzwischen Spielerpässe für weibliche Aktive herausgegeben, in denen neben der Spielberechtigung auch der Vermerk über die stattgefundene ärztliche Untersuchung enthalten ist.

Im Landesverband Rheinland wiederum wollen die Frauen nicht samstags, sondern sonntags spielen. Ob sie sich dann unbeobachteter fühlen, weil die Männer zur gleichen Zeit ihren Geschlechtsgegossen zugucken? Auch hier sind Spielerpaß und Gesundheitsattest erforderlich. Spielberechtigt sind Spielerinnen, die vor dem 1. 1. 1957 geboren wurden. Je Spiel können je Mannschaft zwei Spielerinnen des Jahrgangs 1958 einsetzen.

In Bayern sind bislang 81 Frauenmannschaften gemeldet.
Im Kreis Frankfurt wird bereits munter gespielt und bald

Aus der Hamburger Morgenpost 1971.

Frauen und Fußball

Fußball ist keine Sportart, die für Frauen geeignet ist, eben schon deshalb, weil er ein Kampfsport ist.

(Sepp Herberger)

Fußball ist kein Frauensport. Wir werden uns mit dieser Angelegenheit nie ernsthaft beschäftigen.

(Peco Bauwens, DFB-Präsident von 1950 bis 1962)

Das Treten ist wohl spezifisch männlich; ob darum das Getretenwerden weiblich ist, sei dahingestellt. Jedenfalls ist das Nichttreten weiblich.

(Fred J. J. Buytendijk, Psychologe)

Die Zuschauer brauchen sich gar nicht aufzuregen. Die Frauen waschen doch ihre Trikots selber, wenn sie in den Schlamm fallen.

(Wim Thoelke, „Sportstudio"-Moderator)

Die Frauenfußball-Nationalmannschaft ist ja schon Fußballweltmeister, und ich sehe keinen Grund, warum Männer nicht das Gleiche leisten können wie Frauen.

(Bundeskanzlerin Angela Merkel vor der Männer-WM 2010)

An sich bin ich gegen Damenfußball. Es gibt so viele schöne Sportarten. Warum ausgerechnet Fußball für die Dame?

(Berti Vogts)

Sie gehören doch hinter den Kochtopf. Meiner Frau würde ich nicht erlauben, Fußball zu spielen.

(Gerd Müller)

Im Kampf um den Ball verschwindet die weibliche Anmut, Körper und Seele erleiden unweigerlich Schaden, und das Zurschaustellen des Körpers verletzt Schicklichkeit und Anstand.

(Erklärung des DFB-Bundestages zum Frauenfußball, 1955)

Endlich mal eine vernünftige Alte, die was von Fußball versteht.

(Rudi Assauer über seine neue Partnerin Britta Idrizi)

Ab einem gewissen Alter haben Frauen eine andere Funktion als Fußballspielen.

(Josef Blatter)

Ich wäre gerne eine Frau. Ich weiß aber nicht warum.

(Djibril Cissé)

Antipathie

Es gibt im Fußball immer Dinge oder Personen, die man nicht mag. Außenverteidiger, weil sie nicht flanken können. Trainer, weil sie menschenverachtende Sadisten sind. Kommentatoren, weil sie wiederholt Lionel Messi optisch nicht von Manuel Neuer unterscheiden können. Oder ganze Mannschaften, weil ihre Spiele den Unterhaltungswert von „Die schönsten Bahnstrecken Deutschlands" unterschreiten. Aber nicht immer kann man benennen, weshalb man etwas nicht mag. Oft ist es blanke, liebevoll gehegte Antipathie.

Die Beziehung zwischen Coventry City und Aston Villa ist eigenartig. Wir finden sie nicht besonders unangenehm, aber, mannomann: Wie sehr die uns hassen!

(John Gregory, Trainer von Aston Villa, 2000)

Ich kann Liverpool nicht ertragen. Ich kann Liverpooler nicht ertragen. Ich kann nichts ertragen, was irgendwie mit Liverpool zu tun hat.

(Gary Neville, Manchester United, 1999)

Ja, es gibt zwei tolle Teams in Liverpool. Den FC Liverpool und die Reserve des FC Liverpool.

(Liverpools Manager Bill Shankly, 1965, als Seitenhieb auf den Lokalrivalen FC Everton)

Antipathie

1976 war ein seltsames Jahr für den englischen Fußball –
Manchester City gewann einen Titel.

*(Slogan auf T-Shirts, die 1995 rund um das Stadion von Manchester
United verkauft wurden)*

Die gebildetste Person bei Real Madrid ist die Frau, die die
Toiletten reinigt.

(Joan Garspart, Vizepräsident des FC Barcelona, 1997)

Der angenehmste Weg, Spiele des FC Wimbledon zu ver-
folgen, ist Videotext.

(Gary Lineker)

Ihre Resultate.

*(Englands Nationaltrainer Terry Venables 1996 auf die Frage,
was ihm am deutschen Fußball am besten gefällt)*

Der Paris Hilton unter den Trainern in der Premier League:
verdorben, launisch, eingebildet und Schoßhund-besitzend.

(Simon Mills, Style-Journalist, im Jahr 2006 über José Mourinho)

Als Trainer hast du einen Kader von vielleicht 24 Spielern. Aufstellen kannst Du aber nur 11 davon, also hast du direkt 13 Feinde. Die Zahl kannst du dann noch mit 4 multiplizieren, denn die haben alle auch noch Ehefrauen, Eltern und Kinder.

(John Toshack, Nationaltrainer von Wales, 2007)

Ich würde nicht einmal über die Straße gehen um mit einem Spielerberater zu reden, geschweige denn nach Manchester fahren.

(Graham Kelly, Vorsitzender des englischen Fußballverbandes, auf die Frage ob er an einem Treffen der Spielerberater teilnehmen werde, 1992)

Wenn der FC Everton draußen bei uns im Garten ein Spiel hätte, würde ich die Vorhänge zuziehen.

(Liverpool-Manager Bill Shankly über den verhassten Lokalrivalen)

In Manchester zu leben war wie auf dem Mond zu leben. Wo immer das auch sein mag.

(Johnny Giles, ehemaliger irischer Profi, der u. a. für Manchester United spielte)

Ich konnte einfach nicht in einem Brasilien-Trikot trainieren. Das wäre so, als würde man von einem Engländer verlangen, ein Deutschland-Trikot zu tragen.

(Der Argentinier Carlos Tevez, damals bei West Ham, der als Strafe für einen dummen Platzverweis 2006 anschließend im Brasilien-Trikot trainieren sollte)

Schiedsrichter, Regeln, Fehlentscheidungen

Schiedsrichter fristen ein freudloses und oft gar frustrierendes Dasein inmitten unnatürlicher Handbewegungen, neuer Spielsituationen und Fingerspitzengefühls. Privat leben sie in Appartments, die immer auf gleicher Höhe liegen, in Mauern, die exakt 9 Meter 15 entfernt sind, und neben Bad, Küche und Wohnzimmer gibt es auch immer einen Ermessensspielraum.

Jeder weiß, dass wir für einen zugesprochenen Elfmeter vorher eine Bescheinigung vom Papst und einen persönlichen Brief der Queen einreichen müssen.

(Sir Alex Ferguson, nachdem sein Team gegen Leeds United einen zweifelhaften Elfmeter des Gegners hinnehmen musste)

Um als Auswärtsteam in Old Trafford einen Elfmeter zu bekommen, muss erst Jaap Stam ein Maschinengewehr nehmen und dich mit Kugeln durchlöchern.

(Paolo di Canio, Stürmer bei West Ham, 2001)

Die Elfmeterentscheidung war Old Traffordisch.

(Arsene Wenger, Arsenal, erfindet ein neues Wort als Zeichen tiefster Empörung über eine fragwürdige Elfmeterentscheidung gegen seine Mannschaft.)

Vor den Augen des Schiedsrichters zu protestieren ist ein Zeichen von Schwäche. Mit Beleidigungen erreicht man grundsätzlich nichts. Real Madrid beklagt sich nie.

(Aus Real Madrids kleinem blauem Buch, das der Verein seinen Spielern überreicht, 2004)

Das erste Tor fiel nach einem Foul, das Zweite war abseits, und das Dritte wäre ohne die anderen beiden nie gefallen.

(Crystal Palace-Trainer Steve Coppell erklärt eine Niederlage in Liverpool im Jahr 1991)

„Schiedsrichter, was würden Sie tun, wenn ich Sie ein Miststück nennen würde?", wurde ich von einem Spieler höflich gefragt. Ich sagte ihm: „Ich würde Sie vom Platz stellen." Darauf fragte er: „Und was würden Sie tun, wenn ich *denken* würde, Sie seien ein Miststück?" Ich antwortete, dass ich in diesem Fall nicht viel tun könne. Daraufhin sagte er: „Wenn das so ist, Herr Schiedsrichter – Ich denke, Sie sind ein Miststück!", drehte sich um und ging flott weg.

(Pat Partridge, ehemaliger englischer Schiedsrichter, 1979)

Das Problem mit Schiedsrichtern ist, dass sie zwar die Regeln verstehen, aber nicht das Spiel.

(Bill Shankly)

Ich wundere mich, dass die Unparteiischen eine gewisse Verantwortungslosigkeit an den Tag legen.

(Schalke-Trainer Felix Magath über Schiedsrichter Felix Brych)

Schiedsrichter, Regeln, Fehlentscheidungen

Mit anderen Unparteiischen punkten wir mit einer solchen Leistung.

(Schalke-Trainer Felix Magath nach einer 0:1-Niederlage beim VfB Stuttgart)

Ich hätte vor Wut gern überall reingebissen, am liebsten in den Schiedsrichter.

(Florian Fromlowitz)

Der Schiedsrichter scheint hier für sich entschieden zu haben, für jedes Foul einen Freistoß zu geben!

(Mark Bright, Ex-Profi u.a. bei Sheffield Wednesday und heutiger Moderator bei BBC London)

Auch schon fast Gelb – wegen Schnapsidee.

(ORF-Kommentator Thomas König im Champions League-Finale 2010, als Christian Chivu einen Freistoß aus ungewöhnlich großer Entfernung direkt schießt)

Andy Lochhead strebte auf das Tor zu, als Nobby ihn von hinten umnietete. Ich holte mein Notizbuch heraus, und Stiles bettelte entschuldigend: „Es sind die Flutlichter, Herr Schiedsrichter! Sie scheinen in meine Kontaktlinsen und ich kann nichts sehen!" Als ich seinen Namen notierte, schaute er mir dabei zu und sagte: „Stiles mit ‚i', nicht mit ‚y'!"

(Schiedsrichter Pat Partridge über Rauhbein Nobby Stiles, Weltmeister von 1966)

Jürgen Klopp
Deutscher Meister 2011

Jürgen Klopp

Er ist unrasiert, verhaltensauffällig, kurzsichtig und trägt häufig gelbe Kleidung. Aber er ist auch Deutscher Meister, und nach wissenschaftlich fundierten Schätzungen stellen sich 78 % aller weiblichen Deutschen in heiratsfähigem Alter mehr als einmal pro Tag vor, mit Jürgen Klopp Geschlechtsverkehr zu haben. Schmutzigen. In seiner Freizeit beschäftigt sich Klopp außerdem gerne mit Fußball.

Bei unserem letzten Sieg in München wurden die meisten meiner Spieler noch gestillt.

(BVB-Coach Jürgen Klopp über den ersten Sieg seit fast 20 Jahren in München in der Saison 2010/11 unter besonderer Berücksichtigung des Durchschnittsalters seines Teams.)

Jetzt kennen wir uns schon so lange, und Sie halten mich anscheinend immer noch für einen Schwachkopf.

(Dortmunds Trainer Jürgen Klopp auf die Frage eines Journalisten, ob sein Hinrunden-Fazit nach der Herbstmeisterschaft trotz der Niederlage in Frankfurt positiv ausfällt.)

Freunde der Südsee, geht mir damit nicht auf den Sack!

(Jürgen Klopp nach einem 5:0 gegen Kaiserslautern auf die Frage nach höheren Zielen.)

Ihr könnt mich etwas fragen. Ich bin jetzt wieder ganz ruhig.

(Jürgen Klopp in der Pressekonferenz nach einem 2:0 über St. Pauli, Bezug nehmend auf einen Vorfall in der Vorwoche an, als er einen SWR-Journalisten vor laufenden Kameras beschimpft hatte.)

Lieber eine Nacht Tabellenführer als nie.

(Jürgen Klopp nach dem 2:1 beim 1. FC Köln am 8. Spieltag der Saison 2010/11.)

Ich vergleiche das mit einem Bob-Rennen am Königssee. Wir haben eine super Startzeit hingelegt. Sollen wir deshalb unterwegs aussteigen und erzählen, wie gut wir gestartet sind?

(BVB-Trainer Jürgen Klopp nach einem 5:0 gegen Kaiserslautern am 5. Spieltag.)

Wenn du das Glück an dem Tag eingesammelt hättest und es in die Welt rausgeschossen hättest, dann hätte noch ganz China gegrinst.

(Jürgen Klopp über die BVB-Meisterfeier 2011.)

Aufgeregt war ich nur vor dem Abitur. Da war ich aber auch scheiße vorbereitet.

(Jürgen Klopp)

Wie soll ich einem Blinden erklären, was Farbe ist?

(Jürgen Klopp, auf die Frage eines S04-Anhängers, wie das denn funktioniere, Deutscher Meister zu werden.)

Was sagen Sie dazu, Felix Klopp?

(Kathrin Müller-Hohenstein)

Was ist das hier für ein unglaublich geiler Verein?

(Jürgen Klopp über seinen Arbeitgeber Borussia Dortmund)

Fäkalien & Ausscheidungen

Laut IMPIRE-Datenbank denkt der durchschnittliche Fuß-ball-Zuschauer während eines Spieles sehr viel seltener „Gut!" als „Scheiße!". Fußball ist auch ein Spiel der Fäkalien. Nicht umsonst gibt es Wettbewerbe, wie den DFB-Fäkal. Und in dem geht es um nichts anderes als Ausscheiden.

Urin.

(Manuel Neuer auf die Reporterfrage, was bei der Dopingprobe herausgekommen sei)

Wenn ich an die Säbener Straße komme, fühle ich mich wie zu Hause. Ich kenne die Angestellten von A bis Z und weiß, wo die Toiletten sind.

(Bastian Schweinsteiger über die Gründe für seine Vertrags-verlängerung)

Wenn ich Mannschaften sehe, die vor uns stehen, dann kriege ich das Kotzen.

(Bremens Sandro Wagner nach einem 1:2 gegen Mönchengladbach)

234 ||| **Fäkalien & Ausscheidungen**

Fußball basiert auf subjektiven Gefühlen, und im Vorgaukeln dieser Gefühle ist die Anfield Road unschlagbar. Nimm dir einen Stock, an dem Scheiße klebt, hänge ihn mitten in dieses große Stadion voller leidenschaftlicher, verrückter Menschen, und manche von denen werden sagen, das sei ein Kunstwerk. Ist es aber nicht. Es ist ein Stock mit Scheiße dran.

(Jorge Valdano, Real Madrids Sportdirektor, bemängelt 2007
auf sehr anschauliche Weise den Stil des FC Liverpool vor heimischem
Publikum)

Der Klub befand Merchandising irgendwann für wichtiger als das Team und die Spieler. Wenn das Geschäft aber wichtiger ist als der Fußball, ist das nicht mehr mein Ding. Ich habe einfach aufgegeben. Ich möchte nicht behandelt werden wie ein Paar Socken, ein Shirt oder wie Scheiße. Ich bin keine Scheiße.

(Eric Cantona erklärt seinen plötzlichen Rückzug vom Profifußball
im Jahr 1997.)

Ich nehme meinen Notizblock immer mit auf die Toilette, um dort ein paar Spielsituationen zu skizzieren.

(Dick Advocaat, Trainer der Glasgow Rangers, 2000)

In einer Minute bist du Gott, in der nächsten das, was beim Hund hinten rauskommt.

(Ian Holloways Ehefrau Kim Holloway über den Stress des
Trainerberufs. Ihr Mann trainierte bis heute u. a. Queens Park Rangers,
Leicester City und den FC Blackpool.)

Fäkalien & Ausscheidungen

Als Spieler lebst du wie in einer Schachtel. Jemand nimmt dich für das Training und die Spiele aus der Schachtel heraus und trifft ansonsten alle Entscheidungen für dich. Ich habe schon Spieler gesehen, berühmte Nationalspieler, die alle im Flughafen standen und dann einem Mannschaftskameraden hinterhergelaufen sind, weil der auf die Toilette musste. Sechs Spieler oder so, die alle selbst nicht pissen mussten, aber die dem einen gefolgt sind, der gerade musste. Wie Schafe, ohne nach dem Grund zu fragen, weil das die Art und Weise ist, wie man sie erzogen hat.

(Geoff Hurst)

Viv Anderson has pissed a fatness test.

(ITV-Kommentator John Helm über den englischen Nationalspieler Viv Anderson. Nicht übersetzbar.)

Ich übergebe mich gerne in Richtung Franz Beckenbauer.

(Kommentator Wolff-Christoph Fuss auf SAT 1 nach dem CL-Spiel Inter Mailand gegen FC Schalke 04 2011)

Schober reißt die Fäuste hoch und wehrt das Geschiss ab.

(sport1/DSF-Liveticker zum Spiel Kickers Offenbach gegen Hansa Rostock 2005/06)

Eigenartige Dinge

Die meisten Geschehnisse im Verlauf eines Fußballspiels lassen sich analysieren, benennen, entschlüsseln, erklären. Der kleine Rest, der übrig bleibt, sind Phänomene wie die, von denen dieses Kapitel erzählen soll.

Mexiko muss mit einem Ohr nach Südafrika schielen.

(„11 Freunde"-Chef Philipp Köster im ZDF)

Ich war mit einem Auge hier und mit dem anderen Ohr in Bremen.

(VfB-Trainer Christian Gross)

Man befindet sich irgendwo zwischen dem Boden und dem Flutlicht.

(Kölns Linksverteidiger Christian Eichner über die Gemütslage nach einem Sieg gegen Meister München)

Ich denke, er hatte in seiner Karriere vielleicht nicht ähnliche Momente, aber ungefähr die gleichen.

(Franz Beckenbauer über Oliver Kahn zu den möglichen Gründen für eine Formkrise)

Es ist ziemlich unmöglich, aber machbar!

(Tommy Smith, Ex-Star des FC Liverpool)

Eigenartige Dinge

Der Verteidiger wusste nicht, ob er den linken Fuß nehmen sollte oder den rechten Fuß oder den mittleren Fuß.

(Robbie Earle, früherer jamaikanischer Star in der englischen Premier League)

Ich glaube, Cruyff wurde da falsch zitiert. Obwohl ich sicher bin, dass er es so gesagt hat.

(Kevin Keegan)

Seine Fußball-Philosophie war nicht direkt einzigartig, aber sie war anders als alle anderen!

(Chelseas Fitnesstrainer Ade Mafe über seinen Ex-Cheftrainer José Mourinho)

Es gibt keine Chance, Jeff. Aber eine Möglichkeit.

(Chris Kamara, Ex-Profi und heutiger englischer TV-Fachmann bei Sky Sports)

Eigenartige Dinge

Vermutlich das allererste Mal, dass Ronaldo von einem Anagramm gedeckt wird!

*(ITV-Kommentator Clive Tyldesley beim Spiel Manchester United –
Porto, als Manchesters RONALDO bei einer Ecke von Portos ROLANDO
bewacht wurde)*

Wenn er auf Schnee spielt, hinterlässt er keine Fußspuren.

*(Leeds-Trainerlegende Don Revie über seinen schottischen
Mittelfeldspieler Eddie Gray)*

Als ich ankam hatte der Verein 47 Spieler im Kader und eine Woche später 49, weil ich noch zwei weitere in einem Schrank gefunden habe.

*(Trevor Francis über seine Amtsübernahme als Manager
von Birmingham City, 1999.)*

Ich habe mich erst entschieden, Trainer zu werden, nachdem man mir mitteilte, dass ich das nicht kann.

*(Johan Cruyff, dem vom niederländischen Fußballverband mitgeteilt
wurde, dass ihm die notwendige Qualifikation für das Traineramt fehle.
Anschließend wurde Cruyff Trainer beim FC Barcelona und Ajax
Amsterdam.)*

Es gibt nur eine Sache die besser ist als ein Interview mit Ron Greenwood: kein Interview mit Ron Greenwood zu bekommen.

*(ITN-Reporter Tony Francis über Englands Nationaltrainer
Ron Greenwood, 1981)*

240 | Eigenartige Dinge

Am Nachmittag hat es geregnet, aber nur über Blackburns Stadion. Unser Zeugwart hat das genau beobachtet. Die müssen hier eine Art Mikro-Klima haben.

(José Mourinho als Chelsea-Manager nach einem Spiel Blackburn)

Er hat mich vor meinen Augen hintergangen.

(Newcastles Stürmer Craig Bellamy über einen Zwist mit seinem Trainer Graeme Souness)

In dem Moment als es passierte, habe ich es im Nachhinein bereut.

(Joey Barton, Mittelfeldspieler bei Manchester United)

Der Transfermarkt hat sich durch das Bosnien-Urteil verändert.

(Wimbledons Manager Joe Kinnear meinte vermutlich Bosman, 1998.)

Ich fand, die Nummer 10, Whymark, spielte außergewöhnlich stark!

(Margaret Thatcher nach dem 1978er F.A. Cup Final Ipswich – Arsenal, 1:0. Trevor Whymark war im Programm des Spiels aufgeführt, spielte aber nicht.)

Ich habe nie gemessen, wie schnell ich auf 100 Meter bin. Aber ich habe einen Test gemacht über 20 oder 30 Meter, mit und ohne Ball. Seltsam ist, dass ich mit Ball schneller bin als ohne.

(Ronaldo)

Ich habe eine Reihe von Alternativen, und jede ist etwas anders.

(Glenn Hoddle)

Newcastle ist einfach unschlagbar. Sie haben nur viermal verloren.

(Steve Claridge, ehemaliger Profi und heutiger Experte bei BBC Sports)

Nach außen ist er introvertiert.

(Mladen Petric über Zé Roberto)

Eigenartige Dinge

Wie Sie sehen können, sind die Birmingham-Fans sehr laut!

(Chris Kamara, Ex-Profi und heutiger englischer TV-Fachmann bei Sky Sports)

Er ist nur eine Verwarnung entfernt von einer Gelben Karte!

(Richard Kaufman, englischer Cricket-Star, als Gastkommentator eines Fußballspiels)

Wir müssen unsere Ärmel hochkrempeln und zusehen, dass wir schmutzige Knie bekommen.

(Howard Wilkinson, ehemaliger Profi und Trainer in England)

Michael Owen ist ein Torjäger. Kein geborener Torjäger, denn das braucht Zeit!

(Glenn Hoddle)

Heutzutage wollen die Top-Spieler alle in London oder für Manchester United spielen. Dasselbe ist ja passiert, als ich Alan Shearer verpflichten wollte. Der ging dann nach Blackburn.

(Graeme Souness, Ex-Trainer des FC Liverpool)

Drogba feuert einen 35 Jahre alten Freistoß ab.

(Paul Merson, Ex-Arsenal-Star)

Eigenartige Dinge | | | 243

Ich war wirklich überrascht, als der Fußballverband
an meine Türklingel geklopft hat.

(Michael Owen)

Ich merke mir das immer so: Pizza mit e, dann von meinem
älteren Sohn Oliver die ersten drei Buchstaben, und mitten-
drin ein i und ein u.

*(Dietmar Hopps Eselsbrücke für die korrekte Schreibweise des
Nachnamens seines neuen Trainers Marco Pezzaiuoli. Den Namen
HOPP merkt man sich übrigens am besten folgendermaßen:
Man nimmt das Wort BALL, denkt an einen Toningenieur, mit dem
man vielleicht befreundet ist, und kommt so auf das Wort HALL. Weil
es in Hoffenheim manchmal schneit, macht man aus HALL = FRAU
HOLLE. Die Frau streicht man, weil man sich ja den Namen eines
Mannes merken möchte. Bleibt HOLLE. Das E streicht man ohne
besonderen Grund, was uns zu HOLL führt. Weil Hopp bekanntlich
viel Geld hat, braucht er einen ganz langen Sparstrumpf. Schon ist
man bei PIPPI LANGSTRUMPF, verwirft den Gedanken an den Strumpf
wieder und hat HOLL PIPPI. Durch ein filigranes Ausschlussverfahren
sieht man die Buchstaben L, L, P, I und noch mal I aus und ist
schwuppdiwupp bei – HOPP! Irre! Und das Tollste: Aus den so
eingesparten Buchstaben lässt sich sogar noch das Wort PILLI
bilden!)*

Mode & Styling

Ich erinnere mich ganz vage: Eine der mehreren blonden Ge-
spielinnen von Stefan Effenberg antwortete einmal in einem
Fragebogen auf die Frage: „Was würden Sie mit 100 Euro tun"
dies: „Dafür bekommt man ja nicht einmal ein T-Shirt!" Fuß-
ballprofis stehen unter einem ungeheuren Druck. Sie bewegen
sich in Kreisen, in denen plötzlich irgendwer mit grotesk albern
aussehenden Mützchen von Ed Hardy in die Kabine kommt,
und es steht vermutlich in den Statuten des DFB, dass man
sich dann selbst auch Mützchen von Ed Hardy kaufen muss.
Auch wenn diese grundsätzlich aussehen wie von vierjährigen
Mädchen mit Hilfe von „Ministeck" designt.

Ich finde sogar, dass er mit dem Turban besser aussieht als vorher.

(Felix Magath über Jefferson Farfan, nachdem der eine 5 Zentimeter
lange Risswunde an der Stirn erlitten hatte)

Da hat der Figaro nach Gehör geschnitten.

(Sat.1-Kommentator Wolff-Christoph Fuss rezensiert Franck Ribérys
neuen Haarschnitt.)

The dashing Herr Löw makes even Jose Mourinho look slovenly. The 50-year-old German coach is the Bryan Ferry of the technical area. He puts the Mod in Modfather. Paul Weller: Eat your heart out.

(The Local's World Cup blog kürt 2010 den schicksten WM-Trainer.
Schwer übersetzbar, leider.)

Mode & Styling

Ich bin zwar nicht von Aberglauben getrieben. Aber es sind schon Stimmen in meinem Umfeld laut geworden, dass ich den Pullover wieder anziehen soll. Ich darf ihn nicht einmal mehr waschen.

(Bundestrainer Joachim Löw über seinen blauen Glückspullover)

Es hat nur noch gefehlt, dass wir in rosa Röckchen aufgelaufen wären.

(HSV-Torwart Frank Rost über den fehlenden Biss im Derby gegen den FC St. Pauli)

Aus der „Sport-Illustrierten", 1972

Ich schätze, ein paar meiner Spieler werden vorher schnell zum Friseur gehen und sich anschließend noch mit Selbstbräuner einreiben.

(Ayr United-Manager Brian Reid, nachdem angekündigt wurde, dass das Pokalspiel seines Klubs gegen Kilmarnock in der 4. Runde des schottischen Pokalwettbewerbs live im Fernsehen zu sehen sein würde)

Cristiano ist der Einzige mit einem eigenen Spiegel in der Umkleidekabine. Er verbringt Stunden damit, sein Haar zu stylen und sein Haargel reinzuschmieren.

(Patrice Evra über Cristiano Ronaldo, 2007)

Wir fuhren zurück vom Auswärtsspiel in Birmingham, als Kieron plötzlich schrie: „Haltet den Bus an! Ich habe meinen Diamanten-Ohrring in der Umkleidekabine vergessen!" Können Sie sich zu meiner aktiven Zeit einen Spieler vorstellen, der Bill Shankly sagt: „Stoppen Sie den Bus, Bill! Ich habe meinen Ohrring in der Umkleide vergessen!" ...?

(Sir Bobby Robson, Manager von Newcastle United, 2003)

Dieser David Seaman ist ein gutaussehender junger Mann, aber er verbringt zu viel Zeit damit, in den Spiegel zu schauen statt auf den Ball. Du kannst mit solchen Haaren kein Tor bewachen.

(Brian Clough über den neuen Pferdeschwanz des englischen Nationaltorwartes, 2000)

Ich habe ihm gesagt, er solle sich diesen Pferdeschwanz lieber wieder abschneiden. Er macht ihn weniger aerodynamisch.

(Arsène Wenger über David Seamans Frisur)

Finanzen

Manche Vereine im Weltfußball wirtschaften auf eine sprachlos machende, ungewöhnlich dumme Art und Weise: Sie geben nur Geld aus, das sie wirklich besitzen. Bei allen anderen Vereinen gilt die Faustregel: Traditionsvereinen passiert nie etwas, auch wenn sie jedes Jahr Spieler im Gegenwert mehrerer Raumfähren auf Pump kaufen.

Seien wir doch mal ehrlich: Hohe Gehälter sind eine geistige Bremse für unsere Spieler.

(1860-Sportchef Miki Stevic bei einem Rechtfertigungsversuch für reduzierte Spielergehälter)

Dafür wird er bezahlt, Tore zu schießen. Da muss sich ein Trainer nicht bedanken.

(Bayern-Trainer van Gaal über Arjen Robben)

Wenn sie die Champions League gewinnen, bekommt jeder eine Chronik überreicht. Ansonsten müssen sie sich das Buch kaufen.

(Karl-Heinz Rummenigge bei der Vorstellung einer neuen Vereinschronik)

Was ist denn mehr?

(Claus-Dieter Wollitz, genannt „Pele", auf die Frage, ob er sein Gehalt brutto oder netto haben wolle)

Es hat ja seitens Schalke 04 geheißen, dass Schalke entscheidet, wie hoch der Mond hängt. Ich habe das schmunzelnd zur Kenntnis genommen. Ich muss sagen, im Moment haben wir abnehmenden Mond.

(Bayern-Chef Karl-Heinz Rummenigge zum Vertragspoker um Nationaltorwart Manuel Neuer, in dessen Verlauf die Bayern ankündigten, sie würden „keine Mondpreise" zahlen)

Ich habe kein Geld übrig für eine Eintrittskarte, um Brasilien spielen zu sehen.

(Johan Cruyff. Der ist nicht arm, also ist es vermutlich als Brasilien-Kritik gemeint gewesen.)

Warum man unseren Verein „Blue Brazil" nennt? Das ist einfach. Cowden spielt in Blau, und der Verein hat den Schuldenstand eines Dritte-Welt-Landes.

(Big Bob, Vereins-Original des Codenbeath FC)

Als ich 1997 zu Fulham kam, hatten wir nicht mal ein verdammtes Trikot. Und in meine Hose bin ich vor dem ersten Spiel nicht reingekommen. Die Shorts waren alle zu klein, so dass wir sie an den Seiten mit einer Schere auftrennen mussten, um hineinzupassen. So weit waren wir entfernt von einem normalen Premier League-Verein.

(Chris Coleman, ehemaliger Spieler des FC Fulham)

Wir wollten einen starken Mittelstürmer kaufen, als die Saison losging. Aber keinen unserer Kandidaten konnten wir uns leisten. Aber wenn du bei Sainsbury's einkaufst und dir das teure Filetsteak nicht leisten kannst, dann musst du etwas Billigeres finden. Also haben wir uns für einen knorpeligen, fetten Klumpen Schmalz für vorne entschieden. Aber der schmeckt gut.

(Etwas ruppige Metapher von Cheltenhams Manager Martin Allen, nachdem der Klub aus Geldmangel den mittlerweile etwas dicklichen Ex-Star Julian Alsop ein zweites Mal verpflichtet hatte.)

Weil ich reich bin.

(Antwort von Mario Balotelli, italienischer Nationalspieler bei Manchester City, auf die Frage eines Polizisten, weshalb er 5.000 Pfund in bar in seiner Gesäßtasche hatte, als er mit seinem Auto einen Unfall baute)

Commodore sponsert Tessa Sanderson, den FC Chelsea und ein Fußballteam, Bayern München.

(Aus einem Artikel des „Computer Guardian", 1988. Tessa Sanderson war eine britische Speerwerferin.)

Ihre Spieler durften nach dem Spiel keinen Trikottausch mit uns machen. Ich glaube, sie haben ihre im Supermarkt gekauft, direkt nach der Ankunft in Australien.

(Archie Thompson nach dem weltrekordträchtigen 31:0-Sieg gegen Amerikanisch Samoa 2001)

Wenn ich einmal gefeuert werde, werde ich nicht weinen. Ich werde meine Familie genießen, und eine Woche oder einen Monat später werde ich einen neuen Klub haben. Immer dran denken: Die reichsten Manager sind die, die am häufigsten gefeuert werden.

(José Mourinho)

Jemand, der es lächerlich findet, wie viel Geld ich verdiene, ist meine Oma. Sie hat nie verstanden, weshalb man so viel dafür bekommt, einen Ball zu treten. Deshalb drückt sie mir bei jedem Besuch 5 oder 10 Pfund in die Hand.

(Sven-Göran Eriksson, Nationaltrainer Englands, 2002)

Wir haben dieses Spiel erfunden und lassen es jeden einfach so spielen, und wir haben nicht einmal einen Penny Lizenzgebühren dafür bekommen. Es macht dich krank.

(John Cleese)

Heute hat die FIFA die Seele des Fußballs für ein paar Petrodollars in die Wüste verschachert.

(LigaTotal-Kommentator Hansi Küpper zur WM-Vergabe nach Katar, 2011)

Sechs Monate nachdem er vergeblich versuchte, den FC Chelsea zu kaufen, kaufte er den FC Fulham, weil ihm eingefallen war, dass er schon sein Leben lang Fulham-Fan war.

(Chelseas Präsident Ken Bates über seinen Fulham-Kollegen Mohamed Al Fayed, 2002)

Finanzen | 253

Als ich ihr zum ersten Mal sagte, dass ich Fußballer bin, antwortete sie: „Gut, aber wovon lebst du?"

(Frankreichs Nationalspieler Christian Karembeu über seine Ehefrau Adriana Sklenarikova)

Was große Spieler ausmacht, ist ihre Liebe für das Spiel. Der Fußball sollte nicht durch Geld kontrolliert werden. Wenn dem Fußball ab morgen das Geld ausgehen würde, würde ich diesen Sport trotzdem weiter lieben.

(Arsène Wenger)

Ich verdiene mehr als ihr Wichser alle zusammen!

(Leeds Uniteds Mittelfeldspieler Carlton Palmer zu Polizisten, die ihn nach einem nächtlichen Zwischenfall festnahmen)

Anerkennung ist wichtiger als Geld.

(Kim Kulig, Nationalspielerin, 2011)

Ich kann mein Kind nicht mit Ruhm füttern.

(Italiens Stürmerstar Paolo Rossi 1982 zu einem Disput mit Arbeitgeber Juventus über seine Gehaltsforderungen)

Manchmal sage ich zu Spielerberatern: „Der Unterschied zwischen dir und mir ist: Wenn morgen kein Geld mehr da wäre, wäre ich immer noch hier, aber du nicht!"

(Arsène Wenger)

Ich würde mich ja aufhängen, aber der Verein kann sich kein Seil leisten.

(Iain Munro, Manager beim schottischen Verein Hamilton Academical F.C., der sich Mitte der 1990er Jahre die Spielstätte mit zwei anderen Vereinen teilen musste)

Es gibt eine tolle amerikanische Redensart: „Warum sorgst du dich morgens um den beginnenden Tag, wenn du einen Seidenpyjama trägst?" Ich glaube, das trifft auch auf unsere jüngeren Spieler zu: Viele von ihnen verdienen unglaublich viel Geld, bevor sie als Spieler fertig sind, und finden es unzweifelhaft schwer, sich zu motivieren.

(Crystal Palaces Manager Steve Coppell, früherer Vorsitzender der englischen Spielervereinigung)

Finanzen | | | 255

Als ich hier ankam sagte mir der Vorstand, es gebe kein Geld. Sie haben ihr Versprechen gehalten.

(Sheffield Uniteds Trainer Dave Bassett, 1994)

Das ist alles so spannend! Über die Medien habe ich sogar schon mein Gehalt erfahren. Meine Zukunft ist gesichert.

(Horst Hrubesch zu den Gerüchten über seinen Wechsel als Trainer zum Hamburger SV)

Geld schießt keine Tore, doch es erhöht die Wahrscheinlichkeit immens!

(Mainz-Manager Christian Heidel)

Wenn man sich das viele Geld mal wegdenkt, würden viele Fußballer dennoch weiter Fußball spielen. Also hat das Geld nichts damit zu tun!

(Alan Shearer)

Wenn ich meine Karriere beendet habe, werde ich Woche für Woche in Wettbüros darauf setzen, dass die Wolverhampton Wanderers unentschieden spielen. Ich werde damit Multimillionär!

(Paul Ince)

Die Marge ist marginal.

(Sir Bobby Robson)

Mediales

Wenn wir klein sind und Fußball lieben, wünschen wir uns normalerweise eine spätere Laufbahn als Profifußballer. Dann passieren nach und nach diese Missgeschicke, die für uns alle irgendwo auch typisch sind: Wir brechen uns den Mittelfuß, bekommen in einer aufwändigen OP eine Platinplatte eingesetzt und können anschließend nie wieder vernünftig kicken. Oder aber wir brechen uns nicht den Mittelfuß, behalten deshalb unsere Füße so, wie sie sind, und können dann wiederum deshalb nicht vernünftig kicken. So oder bleibt oft nur ein Ausweg: Man arbeitet für ein Medium und berichtet vom Fußball. Wer selbst dafür zu blöd ist, wird Stadionsprecher.

Am Sonntag wird bei uns auf Sky das Achtelfinale ausgelost. Bei uns ...? ... In der ARD? ... Ah, in der ARD!

(Fritz von Thurn und Taxis von Sky ist sich nicht ganz sicher)

Bei Christoph Daum sind wir jetzt auf Doppelpass-Niveau.

(Jens Lehmann auf Sky zu Studiogast Jörg Wontorra, nachdem immer neue mögliche van Gaal-Nachfolger für Bayern München aufgezählt wurden)

Horst Heldt hat in der Hinrunde nur die Freundschaftsanfragen von Felix Magath bei Facebook bearbeitet.

(Kommentator Wolff-Christoph Fuss über den schließlich drastisch vergrößerten Kompetenzbereich des Schalke-Sportdirektors)

Ich werde meine Seite mit der von Felix verlinken, dann haben wir beide ganz viele Freunde.

(Christoph Daum über seine im Vergleich zu Kollege Magath nicht ganz so erfolgreiche Facebook-Seite)

Wir haben ja das Vergnügen, ihn jeden Tag zu sehen. Da brauchen wir nicht das Internet, um mit ihm zu kommunizieren.

(Schalkes Torhüter Manuel Neuer zum Facebook-Auftritt von Trainer Felix Magath)

So, das war's von der Konferenz. Wenn Sie das Spieltag-Ticket besitzen, dann gibt's jetzt gleich alle Spiele, alle Tore; von den anderen darf ich mich ganz herzlich verabschieden. Ich hoffe, Sie hatten wenig Spaß.

(Premiere-Moderator am Ende einer Übertragung)

Für diejenigen unter den Fernsehzuschauern, die in Schwarzweiß zuschauen: Liverpool ist das Team mit dem Ball.

(Alter Witz unter Fans des FC Liverpool)

Reporter: Gordon, Sie sind bestimmt erfreut über das Ergebnis?
Gordon Strachan: Spot an! Sie können in mir lesen wie in einem Buch!

(Dialog zwischen einem Reporter und Southamptons Trainer Gordon Strachan nach einem Sieg seiner Mannschaft)

260 ||| Mediales

AKTUELL

**ER DUFTET NACH MELONE
NALDO ZEIGT SEINEN
HAMMER-FUSS**

Ihr seid alles so nette Menschen! Manchmal frage ich mich, wer bloß die ganzen Artikel schreibt.

(Englands Nationaltrainer Sven-Göran Eriksson zu Journalisten während einer Pressekonferenz, 2004)

Boah, das ist aber eine fiese Frage. Die kann ich doch nicht beantworten. Nimm die sofort wieder zurück, Mensch.

(Armin Veh als HSV-Trainer auf die Frage, ob er den Trainer Veh entlassen würde)

Ich werde das seit sechs Monaten gefragt. Es ist nicht fair, eine so schnelle Entscheidung von mir zu erwarten.

(Terry Venables)

Schauen Sie sich die Höhe der Abwehrmauer der Hearts an.
Zu Hause braucht man für so etwas eine Baugenehmigung!

*(BBC-Co-Kommentator John Robertson beim Europa League-Spiel
Dinamo Zagreb – Hearts Of Midlothian bei einem Freistoß)*

Neuerlich fluoreszierende Abseitsposition von Dani Alves.

*(ORF-Kommentator Thomas König verbindet das wiederholte
Ins-Abseits-Laufen von Barcelonas Alves mit dessen leuchtend
gelben Schuhen und der damit verbundenen Auffälligkeit für den
Schiedsrichter.)*

Jeff Stelling, Sky Sports: **John, ich verstehe einfach
nicht, wie Leute jetzt das Stadion verlassen können!?
Bei solch einem Spiel!**
John Salako, Sky Sports: **Weil das Spiel gerade zu
Ende ist, Jeff.**

(Beide am Ende des Spiels MK Dons – Huddersfield)

In Phasen, wie sie Mainz gerade vormacht, kann man den
großen Fußball wieder wie ein kleiner Junge erleben – nicht
als Spiegel von Budgets und Bilanzen, als Fortsetzung des
Wirtschafts- und Arbeitslebens in einem durchökonomi-
sierten Spielbetrieb, sondern als Spielplatz für Ideen, Mut,
Spaß, Aufmüpfigkeit.

(Christian Eichler, Journalist, in der FAZ, September 2010)

Er wurde ja ausgezeichnet mit dem Gebrüder-Grimm-Preis.

(Franz Beckenbauer über Günter Netzer)

Was sie jetzt noch stoppen könnte, wäre Bruder Leichtfuß, wenn der eine Eintrittskarte hätte.

(Sky-Reporter Marco Hagemann über den HSV, der gegen den VfB Stuttgart zur Halbzeit 3:1 führte und in Überzahl spielte)

Wenn man nur die Boulevard-Presse liest, vergisst man das eine oder andere Gedicht.

(HSV-Keeper Frank Rost erklärt einem Reporter seinen „Zauberlehrling"-Vergleich vom Wochenende davor.)

Das war irgendwie eine Durcheinander-Version und falsch. Aber es war schon überall so draufgeschrieben, da habe ich nichts gesagt.

(Freiburgs Mittelfeldspieler Anton Putsila, der in seiner Zeit beim Hamburger SV immer Putsilo geschrieben und genannt wurde)

Was für ein Finale! Es gab Raufereien, Tore, Gelbe und Rote Karten, einen Elfmeter. Es war perfekt geeignet für Farbfernsehen!

(Der Bulgarische Funktionär Ivan Slavkov über ein turbulentes bulgarisches Pokalfinale zwischen Levski und ZSKA Sofia im Jahr 2005)

Wozu brauchen wir Zuschauer? Das Spiel sollte hinter verschlossenen Türen gespielt werden. Fußball ist Kunst!

(Noch einmal der putzige Ivan Slavkov)

Du warst scheiße, mein Junge, in deinen blöden rosa Schuhen.

(Richard Keys, Anchorman von Sky England über Arsenals Theo Walcott, als er davon ausging, sein Mikrofon sei nicht mehr offen)

WM 2010: Maradona bittet um Fairplay.

(Schlagzeile auf der BBC-Webseite vor der WM 2010)

Das war's. Au revoir, ihr Italiener!

(David Pleat als englischer TV-Experte zum Ausscheiden Italiens bei der WM 2010)

...bringt es auf den Punkt.

Zeiglers wunderbare Welt des Fußballs

Arnd Zeigler
Zeiglers wunderbare Welt des Fußballs
ISBN 978-3-86910-157-6
€ 9,90

Arnd Zeigler
1.000 ganz legale Fußballtricks
ISBN 978-3-89994-077-0
€ 9,90

Arnd Zeigler
Gewinnen ist nicht wichtig, solange man gewinnt!
ISBN 978-3-89994-099-2
€ 9,90

Arnd Zeigler
Keiner verliert ungern
ISBN 978-3-86910-160-6
€ 9,95

www.humboldt.de   Stand September 2011. Änderungen vorbehalten.